Filippo Salaris, Piero Murenu

# Dizione Italiana

Teoria, tecnica ed esercizi

Artisti Fuori Posto

# Indice generale

# Perché seguire un corso di dizione?

Perché, al di là del luogo in cui ti trovi, ora stai leggendo questo libro? Penso che questa sia la domanda fondamentale: "Perché imparare la dizione?".

Prima delle regole, prima di qualsiasi esercizio o tecnica vi è questa domanda. Questo quesito è la chiave che ci dà la possibilità di accedere direttamente alla qualità del nostro apprendimento, procediamo perciò per gradi. Non importa che tu faccia parte della categoria degli insegnanti, degli attori o dei professionisti della voce in genere, sei qui e stai leggendo perché qualcosa dentro di te, come una spia sul quadro di una automobile, si è accesa. Questo è un fatto, ed essendo tale non si può far altro che prenderne atto.

Hai acquistato questo libro perché desideri migliorare le tue capacità comunicative, sia non verbali, che verbali, arricchendo la tua conoscenza della lingua italiana soprattutto dal punto di vista pragmatico, scoprendo come la forza della parola dipenda non solo dal significato di ciò che si dice, ma anche da come questa viene detta.

È proprio quest'ultima parte che ci interessa maggiormente.

Iniziamo con una piccola auto-indagine sulla tua modalità di comunicazione: richiama alla memoria l'ultima conversazione che hai avuto che sia durata per più di pochi minuti, che sia, quindi, qualcosa in più di un semplice e convenzionale scambio di battute sul tempo o sul lavoro. Poni l'attenzione sui seguenti aspetti: le implicazioni emotive, quindi come ti sei sentito durante questo scambio; la tua comunicazione non verbale, quindi il tuo volto, le posizioni del tuo corpo, delle mani in particolare, la tensione dei tuoi muscoli; infine considera la tua comunicazione verbale, quanto ciò che hai detto, e come lo hai fatto, è corrisposto realmente a ciò che pensavi.

Bene! Ora vorrei porti alcune domande.

Domanda 1: Da quanto tempo non sei coinvolto in una lunga conversazione?

Forse è passata qualche ora, qualche giorno o qualche settimana. È davvero stupefacente che nonostante gli enormi progressi nelle comunicazioni, mediante le recenti tecnologie, il tempo che dedichiamo a delle lunghe chiacchierate si sia drasticamente ridotto.

Domanda 2: Le tue parole corrispondevano perfettamente a ciò che in realtà volevi comunicare al tuo interlocutore?

Domanda 3: Eri teso?

Domanda 4: Quanto eri cosciente dei movimenti del tuo corpo e in particolare delle tue mani?

È davvero incredibile l'impatto che i nuovi mezzi di comunicazione quali smartphone, tablet e computer hanno avuto sulle nostre abitudini e sul nostro comportamento. Sempre più persone si relazionano utilizzando in modo massiccio i social network e i sistemi di messaggistica, ma la cosa più stupefacente è che si arriva addirittura ad amare via messaggio o a litigare, a causa di incomprensioni generate dai messaggi stessi. Questo non vuole essere naturalmente un modo per giudicare i, relativamente nuovi, mezzi di comunicazione, ma è una semplice constatazione.

Un messaggio non ha la forza della comunicazione diretta e nemmeno la sua immediatezza, ma viene filtrato dai nostri sistemi cognitivi e solo in un secondo momento siamo noi ad attribuire un tono al messaggio ricevuto.

Come questo accada è in realtà un meccanismo piuttosto semplice. Facciamo un piccolo gioco d'immaginazione:

Luca è un agente di commercio molto impegnato e sempre in viaggio per lavoro, è fidanzato da poco con Chiara con la quale ha in programma una cena romantica per la sera. Purtroppo all'ultimo istante un cliente ha bisogno di chiudere un ordine urgentemente e Luca non può proprio dire di no. Decide allora di scrivere un messaggio alla sua fidanzata per informarla del suo ritardo:

*"Ciao Chiara, scusami ma sono ancora a lavoro e non riuscirò ad arrivare puntuale. Non ci voleva proprio, mi sono veramente stufato di questi appuntamenti all'ora di cena, non riesco più ad organizzarmi..."*

Seguirà il messaggio di Chiara:

*"Mi dispiace essere un ostacolo per la tua carriera... mangerò da sola. Buon lavoro!"*

Certamente questo può sembrare un caso estremo di fraintendimento via messaggio, ma considerando che molti di noi vanno spesso di fretta e non badano molto alla forma, immaginate quante situazioni equivoche si possono creare quando non sentiamo direttamente con le nostre orecchie le parole dell'altro. Infatti la comunicazione dal vivo, tra due o più persone, possiede una varietà di sfumature incredibile che vanno molto oltre le parole in senso stretto, e più i parlanti hanno curato le loro capacità comunicative, maggiore sarà l'arricchimento personale che deriverà dalla conversazione.

# Partiamo dalle certezze

Il primo passo per migliorare le proprie abilità è conoscere il livello di partenza perché non dobbiamo dimenticare che quando ci si muove in un territorio poco conosciuto è sempre meglio capire, prima di tutto, dove ci si trova e solo in seguito consultare la mappa.

Per imparare la dizione, dobbiamo avere, quindi, la consapevolezza di quali sono le debolezze e quali invece i punti di forza della nostra comunicazione verbale.

Il primo passo è un'autovalutazione veloce, che consiste nel registrare la nostra voce.

## "La mia voce non mi rappresenta!"

Chi di noi non ha mai provato un senso di disagio, almeno una volta, ascoltando la propria voce?

Proviamo insieme!

Quando, durante i seminari e i laboratori proponiamo questo test, la prima reazione degli allievi è sempre la stessa: i più timidi iniziano a sprofondare nelle sedie e l'interesse di alcuni sembra essere improvvisamente catturato dal muro bianco, dalle stringhe delle scarpe o dal lampadario, come se celassero al loro interno i più grandi segreti dell'universo.

Poco dopo arriva la domanda: "Ma è strettamente necessario?" seguita all'affermazione "A me non piace la mia voce!".

È una sensazione comune soprattutto quando non ci si è mai ascoltati o ci si riascolta dopo molto tempo. Si ha come l'impressione che la voce registrata sia quella di un'altra persona, ci sentiamo ridicoli come quando, di ritorno a casa da un incontro galante, scopriamo di aver sorriso per tutta la serata con un pezzetto di insalata tra i denti.

È una percezione comune e più che naturale, non c'è nulla per cui sentirsi a disagio.

## La percezione fisica della propria voce

La nostra vera voce è molto differente da come noi la avvertiamo e per capire il perché è bene ricordare rapidamente com'è composto il nostro sistema uditivo:

- **orecchio esterno**: la parte iniziale del sistema che ha lo scopo di raccogliere i suoni tramite il padiglione e convogliarli nel condotto uditivo esterno fino alla membrana timpanica;

- **orecchio medio**: dopo la membrana timpanica si apre una cavità che contiene dei piccoli ossicini[1] che hanno lo scopo di amplificare i suoni e portarli all'ultima parte del sistema;
- **orecchio interno**: è l'organo che si occupa di trasformare la pressione nel segnale che viaggerà nel sistema nervoso fino a degli specifici nuclei del cervello, dove verrà finemente elaborato[2].

Quando è un'altra persona a parlare, la voce che sentiamo è sequenzialmente elaborata dalla catena del sistema uditivo, mentre quando siamo noi a parlare, la voce che ascoltiamo segue un flusso differente modificato da fattori interni, come l'insieme di cavità presenti nella testa, quali il cavo orale, il faringe, la laringe, le cavità nasali, ma anche dal fatto che il suono viaggia attraverso la conduzione ossea facendo arrivare la nostra voce direttamente all'orecchio interno. In tal modo il segnale risultante percepito è molto diverso da quello che realmente fuoriesce dalla nostra bocca.

Facciamo un piccolo esperimento: proviamo a tappare per un attimo le orecchie e continuiamo a leggere poche righe, questa volta ad alta voce. Potete notare che continua comunque a sentirsi la nostra voce, nonostante i suoni provenienti dall'esterno siano ridotti al minimo. Questo avviene perché il suono attraversa la cavità nasale, in parte passa attraverso la conduzione ossea, e arriva all'orecchio interno, trasformato, amplificato e modulato da questa cassa di risonanza naturale.

## Motivazione psicologica

Quotidianamente ci guardiamo allo specchio e riconosciamo la nostra immagine. Certo, possiamo ritenerci più o meno soddisfatti di ciò che vediamo, ma comunque nella figura che lo specchio ci rimanda riconosciamo noi stessi, con il nostro sorriso, il nostro sguardo e altri piccoli particolari che sono così chiaramente impressi nella nostra memoria.

Ecco, immaginate ora che per uno strano scherzo del destino voi non possiate vedere la vostra immagine riflessa per ben cinquant'anni.

Il giorno in cui potreste finalmente specchiarvi di nuovo, probabilmente riconoscereste a stento la persona di fronte a voi.

Esattamente lo stesso avviene per la voce. Non siamo abituati a percepirla dall'esterno, cosa che quotidianamente invece facciamo con il nostro corpo anche grazie alle nuove tecnologie.

La soluzione è semplice: ci dobbiamo registrare.

---

1    Martello, incudine, staffa.

2    L'orecchio interno, tramite l'apparato vestibolare, è anche in gran parte responsabile del nostro equilibrio.

La tecnologia ci viene senz'altro in soccorso e grazie al registratore vocale del nostro smartphone possiamo fare il nostro check-up in un attimo.

# I nostri strumenti

Un po' come quando si studia il funzionamento dell'automobile quando si frequenta la scuola guida, per poter affrontare con consapevolezza la dizione italiana, è necessario avere chiaro come funziona il nostro sistema di produzione e percezione della voce e del linguaggio.

Per questo motivo abbiamo deciso di includere una parte introduttiva che affronta la comunicazione verbale nelle sue componenti: com'è nata nella nostra specie, come l'uomo ha adattato il suo corpo per produrre e comprendere i suoni della lingua e infine come sono state organizzate le regole per poterla definire.

Trattare in maniera esaustiva l'argomento dal punto di vista anatomo-fisiologico e funzionale necessiterebbe diversi volumi e, soprattutto, andrebbe al di là degli scopi di questo testo. Abbiamo però voluto cercare di fornire tutte le informazioni che consentano di comprendere come funziona il nostro apparato pneumo-fono-articolatorio, con anche qualche dettaglio specifico che possa essere uno spunto per l'approfondimento di coloro che saranno incuriositi da come, in questa sua particolare caratteristica, funzioni la *macchina uomo*.

## Linguaggio e voce

Attraverso studi glottogonici[3] i linguisti sono da tempo arrivati alla conclusione che lo sviluppo delle lingue attraverso il tempo[4] non preveda l'esistenza di una primeva che abbia derivato tutte le altre. Tra le teorie più accreditate si pone quella, elaborata dal Noam Chomsky[5], del cosiddetto *salto linguistico,* secondo cui il linguaggio attinge a un corredo biologico codificato geneticamente che permette l'organizzazione degli elementi necessari a formare la grammatica universale (Chomsky 2010).

Il mezzo di elezione attraverso il quale la specie umana utilizza il linguaggio è la voce, la cui produzione è frutto di interazioni complesse su molteplici livelli. Per poter comprendere il meccanismo che permette la produzione vocale è doveroso introdurre la struttura dell'apparato PFA[6] ed i meccanismi neurologici che presiedono al sistema.

---

3    La glottogonia è la parte delle linguistica che studia le origini della lingua.

4    Sviluppo diacronico della lingua.

5    Avram Noam Chomsky nasce a Philadelphia il 7 dicembre 1928, professore emerito di linguistica al MIT, ideatore della grammatica generativo-trasformazionale, indicata di frequente come il più considerevole contributo alla linguistica teorica del XX secolo.

6    Pneumo – Fono – Articolatorio

Una trattazione dettagliata non è funzionale allo studio della corretta dizione italiana, per cui saranno solo citati gli aspetti basilari che legano anatomo-funzionalmente i componenti dell'apparato alla produzione vocale.

## Anatomia dell'apparato pneumo-fono-articolatorio

I primi studi importanti sull'apparato PFA si devono all'opera di Leonardo da Vinci che intraprese meticolose ricerche e osservazioni, elaborando infine la prima vera iconografia anatomica scientifica.

*Figura 1: Studi anatomici laringe e della gamba – Leonardo Da Vinci (da Vinci 1510)*

Egli, già cinquecento anni fa, mise in relazione la produzione vocale con la capacità di gestire il mantice fonatorio ed il ruolo fondamentale della laringe come vero e proprio *strumento musicale* umano.

Da allora la conoscenza della fisiologia umana ha fatto enormi progressi riuscendo a spiegare in larga parte il funzionamento della *macchina uomo*, ma di fatto le conoscenze macro-anatomiche sono rimaste pressoché inalterate negli ultimi duecento anni. Per questo motivo le illustrazioni scelte, risalenti alla prima metà dello scorso secolo, sono tratte dalla *Gray's Anatomy*.[7]

## Polmoni

Organi pari asimmetrici, costituiti da tre lobi nel polmone destro e due nel sinistro, rivestiti da un foglietto sieroso detto pleura viscerale.

---

7    Licenza Pubblico dominio tramite Wikimedia Commons.

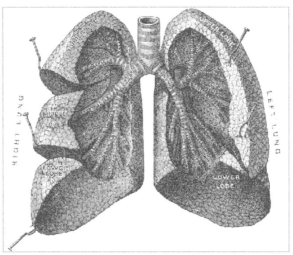

*Figura 2: Henry Gray (1918) Anatomy of the Human Body - polmoni*

Sono posizionati anteriormente alla colonna vertebrale all'interno della gabbia toracica, separati dalla cavità addominale tramite il diaframma e tra loro dal volume mediastinico che ospita il muscolo cardiaco.

Al loro interno custodiscono la ramificazione bronchiale fino all'unità funzionale detta *bronchiolo globulare* che termina nei *bronchioli*.

Come ben sappiamo al funzione principale dei polmoni è di provvedere allo scambio gassoso $O_2 \leftrightarrow CO_2$, ma ricoprono un ruolo fondamentale in molteplici funzioni fisiologiche. In riferimento alla produzione vocale, la funzione polmonare è quella di ospitare il volume d'aria necessario alla produzione del *mantice fonatorio*, termine utilizzato nell'analisi dinamica del complesso: gabbia toracica, muscoli costali e polmoni.

La richiesta d'aria nella condizione normale satura minimamente la capacità polmonare, e inspirazione ed espirazione hanno una durata breve e di durata pressoché equivalente.

Durante l'eloquio invece si ha una netta prevalenza della durata dell'espirazione che, in condizione eufonica in ambiente silenzioso, si attesta su una media di dieci secondi, mentre la fase inspiratoria diminuisce di durata per consentire il ripristino rapido dei volumi d'aria sufficienti alla prosecuzione del discorso.

Tuttavia tale durata è anche condizionata da diversi fattori:

- aumento dell'intensità della voce: l'incremento della pressione sotto-glottica[8], necessaria a produrre un volume sonoro maggiore, determina la riduzione della durata dell'emissione;
- diminuzione dell'intensità della voce: al contrario la diminuzione del volume comporta una riduzione della pressione e un conseguente risparmio dei volumi d'aria necessari alla fonazione;
- necessità comunicativa: modifica i rapporti tra le fasi respiratorie in funzione dell'urgenza di terminare un pensiero evitando, ad esempio, la perdita del turno comunicativo.

## Gabbia toracica e funzionalità della muscolatura diaframmatico-addominale

La gabbia toracica è una struttura elastica in equilibrio che si ripresenta nella condizione iniziale dopo ogni variazione, il che avviene ad ogni atto inspiratorio indotto dall'attività sinergica dei muscoli. Questi, dilatando la gabbia toracica, determinano una pressione negativa al suo interno che espande il polmone saturandolo d'aria, mentre il ritorno passivo alla fase di equilibrio elastico costituisce l'espirazione, che permette la fuoriuscita dell'aria.

Questo è ciò che avviene in condizione di respirazione fisiologica mentre durante la produzione vocale l'equilibrio elastico della gabbia toracica è modificato dal controllo operato sul diaframma e sui muscoli addominali dai centri nervosi, il che consente di produrre l'eloquio dell'intensità desiderata.

8    Al di sotto delle corde vocali,

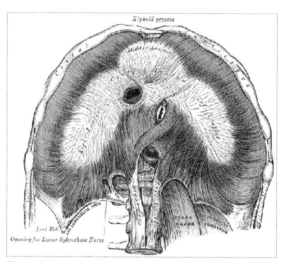

*Figura 3: Henry Gray (1918) Anatomy of the Human Body - diaframma*

## Controllo della ventilazione

La respirazione è comandata da siti di controllo che a vari livelli operano in maniera combinata: i centri respiratori con dei nuclei nel ponte e nel bulbo generano e modificano il ritmo respiratorio di base; nel bulbo stesso vi sono poi dei recettori chimici centrali, mentre i periferici sono nei glomi aortici e carotidei; esistono anche dei meccano-recettori polmonari che reagiscono alla distensione polmonare e alla presenza di sostanze irritanti.

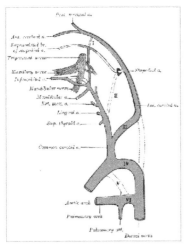
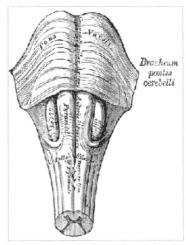

Figura 4: Henry Gray (1918) Anatomy of the Human Body - arco carotideo

Figura 5: Henry Gray (1918) Anatomy of the Human Body - ponte

Esiste poi un controllo sulla respirazione basato su riflessi non a feedback quali le afferenze dei centri nervosi superiori.

Specifiche zone encefaliche sono correlate al lato emotivo dell'espressione verbale e corporea e sono: corteccia frontale e parietale, sistema limbico, ipotalamo, ponte; sono inoltre coinvolte nei riflessi di tosse, starnuto, sbadiglio, deglutizione, minzione, defecazione e parto. In questi casi la regolazione basale della ventilazione vede la sovrapposizione di un livello più alto nel programma di controllo.

Vi sono poi dei centri nervosi superiori che sono la sede del controllo volontario della ventilazione durante la fonazione tra i quali le aree corticali cosiddette "del linguaggio" e le aree corticali motorie site nell'emisfero dominante. Il lavoro dei muscoli coinvolti nell'atto fonatorio è governato dall'area corticale associativa di Broca mentre l'organizzazione del linguaggio è a carico di una serie di altre aree corticali. Nel lobo temporale si trova il centro uditivo in cui la fonazione viene valutata, sia in ingresso che in uscita e con esso si coordina un ulteriore centro corticale che valuta il senso compiuto della parola udita tramite una discriminazione di tipo linguistico. Questi centri corticali sono associati a delle aree di memoria a lungo termine in cui sono allocate le informazioni con cui confrontare gli input verbali. La produzione è opera dell'azione dell'area motoria responsabile dell'esecuzione dei fini movimenti fono-articolatori.

# La laringe

È fondamentalmente un *tubo* fatto di cartilagini, muscoli e tendini, situata centralmente nella parte superiore del collo e ha dimensioni variabili in base all'età e al genere, oltre che in base a parametri dipendenti in maniera specifica da ciascuna persona.

La forma è quella di una piramide rovesciata che superiormente si rapporta con la parte posteriore della lingua e inferiormente prosegue con la trachea (Figura 7).

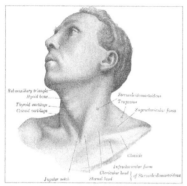

*Figura 6: Henry Gray (1918) Anatomy of the Human Body - Vista del collo*

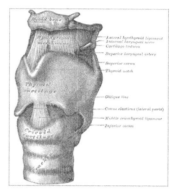

*Figura 7: Henry Gray (1918) Anatomy of the Human Body - laringe*

È divisa in glottide, sovra-glottide che costituisce il vestibolo laringeo, e sotto-glottide in comunicazione con la trachea. La struttura laringea è piuttosto complessa al fine di consentire quei movimenti fini che sovraintendono alla produzione vocale, è composta infatti da nove cartilagini, di cui tre mediane e impari[9] e sei pari poste lateralmente[10]

Non meno complesso è l'insieme di legamenti che rendono coese le cartilagini e rendono stabile la laringe tramite l'inserimento nell'osso ioide alla quale questa è appesa.

I muscoli laringei sono in parte deputati al movimento della laringe nella sua totalità ed in parte ai movimenti articolatori delle cartilagini laringee.

La mucosa laringea è composta da uno strato epiteliale costituito da cellule cilindriche e cellule muco-ciliate, poi pavimentose stratificate, segue una membrana basale e una tonaca propria.

---

9    Cricoide; tiroide; epiglottide.

10    Aritenoidi; corniculate o di Santorini; cuneiformi o di Morgagni-Wrisberg.

L'irrorazione della laringe è essenzialmente a carico delle arterie laringee superiori, medie e inferiori e delle rispettive vene che seguono il percorso delle arterie corrispondenti.

L'innervazione laringea è in massima parte a carico del nervo laringeo superiore e del ricorrente[11] (Figura 9).

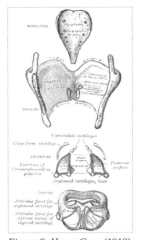

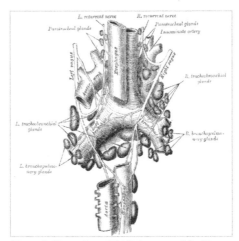

*Figura 8: Henry Gray (1918) Anatomy of the Human Body - cartilagini laringee*

*Figura 9: Henry Gray (1918) Anatomy of the Human Body - nervo ricorrente*

## La glottide

È quella porzione di spazio laringeo definito dalle corde vocali e dalle cartilagini aritenoidee.

La forma e le dimensioni della glottide (o rima della glottide) sono modificate in funzione dell'operato dei muscoli laringei sia intrinseci che estrinseci.

La glottide si dispone in due configurazioni: la prima è la posizione respiratoria, con corde vocali abdotte, rima a forma di un triangolo isoscele, con vertice diretto anteriormente; la seconda è la posizione fonatoria con le corde vocali addotte in linea mediana.

---

11  Il nervo laringeo inferiore è detto ricorrente per via del percorso ad ansa lungo la discesa in torace e la successiva risalita fino alla laringe. L'innervazione è motoria per tutti i muscoli intrinseci laringei tranne i crico-tiroidei. È asimmetrico in quanto l'ansa di risalita ha un percorso differente: il destro risale dopo un passaggio intorno all'arteria anonima, mentre il sinistro dopo aver circondato l'arco aortico.

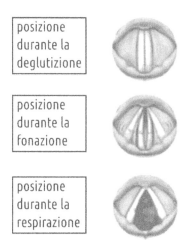

posizione durante la deglutizione

posizione durante la fonazione

posizione durante la respirazione

*Figura 10: posizioni della glottide*

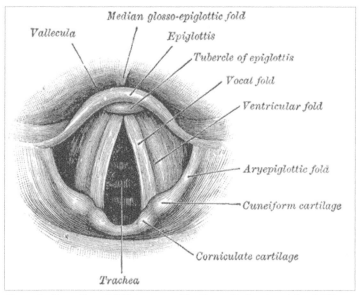

*Figura 11: Henry Gray (1918) Anatomy of the Human Body - rima della glottide*

Le corde vocali sono responsabili della produzione delle vibrazioni sonore che variano in funzione dei loro parametri dimensionali (sezione e lunghezza),

14

modificati dalla tensione rilassamento dei muscoli laringei operanti sulle cartilagini mobili della complessa struttura laringea che vanno a modificare l'interazione con la colonna d'aria sottoglottica dando origine alle differenti modalità fonatorie: sonorità, sussurro, bisbiglio, laringalizzazione[12], colpo di glottide, aspirazione.

## Vocal tract

È costituito da quei volumi areati che vanno da dopo la glottide alla bocca, ed entrano in risonanza con le frequenze prodotte dalle corde vocali.

Tali volumi determinano un'amplificazione (positiva o negativa) di alcune frequenze favorendone alcune specifiche a seconda della zona anatomica che risuona in sinergia con la frequenza fondamentale, detta $F0$[13] o *pitch*.

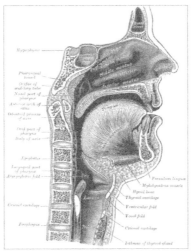

*Figura 12: Henry Gray (1918) Anatomy of the Human Body - vocal tract*

Il vocal tract è delimitato in massima parte[14] da strutture mobili ed estremamente versatili nel cambio di configurazione; basti pensare a come, a seconda della necessità comunicativa, vengono modificate in maniera più o

12  È quella modalità prodotta con le corde meno tese che nella sonorità determina una vibrazione per solo una parte della loro lunghezza provocando un effetto stridente.

13  Con F0 si identifica la frequenza di vibrazione delle corde vocali che rappresenta l'armonica dalla frequenza più bassa nella sommatoria di quelle che producono il segnale vocale.

14  I seni paranasali (frontali, sfenoidali, mascellari, frontali) sono l'unica parte fissa dell'apparato risonanziale.

15

meno inconscia le posizioni della laringe, delle pareti faringee, della mandibola, guance, lingua e palato molle variando così tonalità e timbrica dell'emissione vocale. Questo accade in quanto si determinano delle superfici variabili per dimensione, forma e densità della struttura sottostante, che modificano il modo in cui l'onda sonora è riflessa e rifratta e permettono la sommatoria delle onde prodotte dalla glottide con quelle riflesse da tali superfici che danno luogo alle interferenze[15] costruttive e distruttive che generano la voce caratteristica di ciascun individuo.

## Elementi articolatori

Sono quegli elementi dell'apparato fono-articolatorio, sia fissi che mobili, che si frappongono alla colonna d'aria sottostante producendo i suoni tipici della fonazione, disponendosi differentemente al fine di produrre suoni vocalici o consonantici sordi o sonori.

Gli elementi fissi dell'apparato articolatorio sono i denti, gli alveoli[16], il palato duro[17], mentre quelli mobili sono le labbra[18], la lingua[19] e il velo palatino[20] (Figura 13).

---

15  Quando due onde sonore si incontrano, esse si sovrappongono in maniera tale che l'onda sonora risultante diviene la somma delle due onde. Se hanno la stessa frequenza e sono in fase, l'ampiezza dell'onda risultante è la somma delle ampiezze, dando luogo all'interferenza costruttiva, se lo sfasamento è in ritardo allora le onde si sottraggono e si parla di interferenza distruttiva.

16  Cavità dell'osso mascellare contenenti gli elementi dentari.

17  Parte rigida della volta palatina di origine osteo-fibro-mucosa costituita in gran parte dai processi palatini dell'osso mascellare e dall'osso palatino.

18  Distinte in superiore e inferiore, sono le due pieghe che costituiscono la parte anteriore della parete esterna del vestibolo della bocca, delimitando la rima buccale.

19  Organo costituito da una massa muscolare rivestita in superficie da una tonaca mucosa. Ha funzione tattile, gustativa, interviene nel processo masticatorio e deglutitorio e nell'articolazione del linguaggio.

20  Struttura muscolo-membranosa situata nel prolungamento posteriore del palato duro che continua centralmente con l'ugola. Il palato molle interviene nel processo deglutitorio evitando il reflusso del bolo nelle fosse nasali, e fono-articolatorio permettendo la realizzazione di alcuni suoni nasali e plosivi e partecipando alla realizzazione di altri.

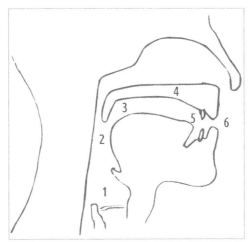

*Figura 13: apparato articolatorio: 1 glottide, 2 faringe, 3. velo palatino, 4 palato duro, 5 denti, 6 labbra*

# Fonetica

Sono stati finora indicati gli elementi costituenti il sistema di emissione vocale, tuttavia per poter comprendere appieno come sono realizzati e percepiti i suoni è necessario analizzarli in maniera più approfondita e catalogarli secondo un sistema di riferimento.

La parte della linguistica che si occupa di questo aspetto prende il nome di fonetica[21], che studia le esecuzioni foniche della lingua secondo tre livelli principali d'indagine a seconda del punto di vista con cui si guarda ai suoni del linguaggio: la fonetica articolatoria, che analizza e rappresenta come l'apparato PFA produce i suoni linguistici; la fonetica acustica, che utilizza la fisica acustica per studiare i suoni linguistici in riferimento a parametri numerici che caratterizzano le onde elastiche; la fonetica uditiva o percettiva: studia come i suoni linguistici sono percepiti dall'apparato uditivo.

L'argomento è estremamente vasto e, anche in questo caso, saranno introdotti solo i concetti basilari sulla produzione vocale necessari alla catalogazione dei suoni linguistici della lingua italiana.

Per poter catalogare i fonemi prodotti e percepiti è necessario l'utilizzo di un sistema di riferimento a cui ricondurre ogni suono. Tuttavia esistono numerosi sistemi di riferimento in cui un suono è indicato graficamente in modi differenti generando non poca confusione in chi necessita di conoscere la sua esatta pronuncia.

Lo studio della dizione italiana è visto attraverso le lenti dell'ortoepia, ovvero la corretta pronuncia di una lingua, analizzata nella propria evoluzione orale e scritta. Per l'italiano secondo lo standard di base toscana o fiorentino corretto[22] lo strumento di elezione è il "DOP - Dizionario d'ortografia e di pronunzia" (2) edito dalla RAI e alla sua quarta edizione, che in tal senso è probabilmente il più esteso e autorevole dizionario della lingua italiana.

Tuttavia tale sistema non è sufficiente per catalogare l'imponente numero di foni producibili attraverso il nostro apparato PFA per cui, in questa fase introduttiva sulla fonetica articolatoria, faremo riferimento al ben più utilizzato International Phonetic Alphabet.

Nello studio ortoepico, affrontato nella seconda parte del libro, a tale sistema di catalogazione sarà preferito il DOP che per noi "è e rimane" il punto di riferimento nello studio della dizione italiana.

---

21   Dal greco φωνή, phōnē che significa suono, voce.

22   Neutro tradizionale secondo la nomenclatura di Luciano Canepari.

# Vocali

La realizzazione di una vocale è in massima parte data da un vocoide[23], ottenuto dall'oscillazione glottidea priva di ostacoli che ostruiscano il flusso emergente.

La classificazione delle vocali secondo l'IPA è estremamente variegata ed è funzione dell'idioma parlato con sfumature dipendenti dal luogo di provenienza di un parlante e da altri fattori di carattere socio-culturale.

La suddivisione è operata in base ai seguenti parametri:

- oralità: ottenuta con l'abbassamento velare;
- nasalità[24]: ottenuta con l'elevazione velare;
- anteriorità, centralità e posteriorità: in funzione della posizione antero-posteriore della lingua;
- aperte, chiuse: in dipendenza dalla posizione linguale e dall'apertura della rima buccale;
- procheile, aprocheile: in funzione dell'arrotondamento delle labbra;
- brevi, lunghe: in funzione della durata;
- toniche, atone: in funzione dell'accentazione nella parola.

La lingua italiana ufficiale prevede sette vocali di cui solo cinque con valore distintivo, rappresentate nel trapezio vocalico (Figura 14).

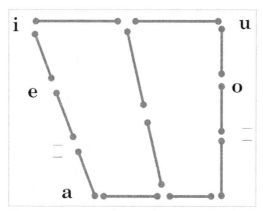

Figura 14: trapezio vocalico completo con in neretto le consonanti della lingua italiana rappresentate secondo l'alfabeto fonetico IPA

23 Realizzazione fonetica vocalica di fonemi non necessariamente appartenenti alle vocali di una lingua.

24 Le vocali italiane sono esclusivamente orali.

19

# Consonanti

Le consonanti sono dei foni contoidei[25] realizzati per mezzo di ostacoli che il flusso d'aria proveniente dalla glottide incontra nel suo percorso verso la rima buccale, rappresentati da velo, faringe, lingua, labbra e loro conformazione in funzione anche dell'apertura mandibolare.

Nelle pagine precedenti sono stati illustrati i meccanismi e gli elementi che attivano e modulano il passaggio dell'aria nel sistema PFA e producono quei suoni aventi significati profondamente differenti dal punto di vista linguistico. Questo avviene con delle variazioni estremamente contenute di uno o più elementi frapposti tra il flusso d'aria espiratorio e le labbra.

Si possono individuare tre parametri fondamentali per la classificazione e identificazione dei suoni del linguaggio: la sonorità, il modo di articolazione e il luogo di articolazione.

## Sonorità

Sono sonore le consonanti il cui suono è associato ad una vibrazione glottica, come *b* o *d*, mentre sono sorde quelle che non prevedono tale associazione, come *t* o *c*.

Tale parametro ha carattere distintivo nella lingua italiana, attribuendo un significato differente a parole che differiscono per tale tratto le quali prendono il nome di coppie minime: *palla* ↔ *balla, callo* ↔ *gallo,* etc.

## Modo di articolazione

Le consonanti sono caratterizzate dalla frapposizione di un ostacolo al passaggio dell'aria che può essere completo, parziale o una successione delle due condizioni.

| Denominazione | Modo di articolazione |
|---|---|
| **Occlusive** | Blocco diaframmatico globale per tutta la durata del fono e conseguente aumento della pressione sottoglottica, seguita da un rilasciamento globale e immediato |
| **Nasali** | Blocco diaframmatico a livello e passaggio dell'aria attraverso il percorso rino-velare tra velo e rino-faringe |
| **Fricative** | Restringimento diaframmatico per la durata del fono |
| **Affricate** | Blocco diaframmatico seguito da posizione ristretta per la durata del fono |

---

25   Un contoide è un fono che si articola con una configurazione almeno parzialmente chiusa del tratto vocale.

| Denominazione | Modo di articolazione |
|---|---|
| Vibranti | Chiusure e aperture diaframmatiche che possono essere singole o continue a seconda che si tratti di poli-vibranti o mono-vibranti |
| Laterali | Blocco centrale del diaframma con apertura degli spazi laterali |

## Luogo di articolazione

È un ulteriore criterio di catalogazione delle consonanti, oltre al modo e alla sonorità, ed è riferito al punto dell'apparato articolatorio in cui i foni sono articolati.

Seguendo un andamento antero-posteriore, i luoghi di articolazione sono divisi secondo lo schema che segue:

| Denominazione | Luogo di articolazione |
|---|---|
| Bilabiali | Prodotte dalle labbra |
| Labio-dentali | Prodotte dalle labbra e i denti anteriori |
| Dentali e alveolari[26] | Prodotte dalla lingua sui denti o nelle immediate vicinanze degli alveoli |
| Palatali | Prodotte dalla lingua contro o in prossimità del palato |
| Velari | Prodotte dalla lingua contro o in prossimità del velo |
| Uvulari | Prodotte dalla lingua contro o in prossimità dell'ugola |
| Faringali | Prodotte tra base e radice della lingua contro la parte posteriore del faringe |
| Glottidali | Prodotte a livello glottideo |

## Rappresentazione fonetica

Per poter indicare correttamente i foni[27], come già scritto, in questa parte introduttiva faremo riferimento all'*International Phonetic Alphabet* elaborato dall'Associazione Fonetica Internazionale, che parte dalla codifica alfabetica della lingua latina e greca, con delle modificazioni tali da permettere la rappresentazione biunivoca fono ↔ simbolo, non permessa invece dal tradizionale sistema di scrittura alfabetico.

Basti pensare a come suoni identici sono trascritti alfabeticamente con un codice differente come nelle parole <casa> e <kermesse>, in cui la differente rappresentazione alfabetica indica invece lo stesso suono iniziale, mentre in <casa> e <cena> la stessa rappresentazione indica invece suoni differenti,

---

26  Semplificazione articolatoria adottata dal Berruto (Berruto 2006).

27  Per fono si intende qualunque suono vocale avente carattere linguistico.

prova che più fonemi possono essere rappresentati da uno stesso grafema e più grafemi possono rappresentare lo stesso suono.

L'IPA permette di disambiguare tali corrispondenze rendendole univoche grazie all'adozione di una serie di simboli più lunga e articolata che consente la restituzione grafica del parlato a differenti livelli di precisione, dato che l'operazione di trascrizione è di tipo soggettivo, quindi dipendente da una lunga serie di condizioni ed eventi.

| **Vocali** | Anteriore | Centrale |
|---|---|---|
| **Alte** | i | |
| **Medio-alte** | e | |
| **Medio-basse** | ɛ | |
| **Basse** | | a |

Come indicato precedentemente per le vocali, anche le consonanti della lingua italiana sono solo un sottoinsieme di quelle rilevate dai linguisti nello studio delle lingue parlate nel pianeta. Nelle tabelle che seguono sono indicate in grassetto le consonanti proprie della lingua italiana canonica.

22

| Polmonari | Nasale | Occlusive | Fricative | Approssimanti | Vibranti | Monovibranti | Fric. laterale | Appr. laterale |
|---|---|---|---|---|---|---|---|---|
| Bilabiale | m | p b | ɸ β | | ʙ | | | |
| Lab.den. | ɱ | p̪ b̪ | f v | ʋ | | ⱱ | | |
| Dentale | n̪ | t̪ d̪ | θ ð | ð̞ | | | | |
| Alveolare | n | t d | s z | ɹ | r | ɾ | ɬ ɮ | l |
| Postalv. | | | ʃ ʒ | | | | | |
| Retroflessa | ɳ | ʈ ɖ | ʂ ʐ | ɻ | | ɽ | | ɭ |
| Palatale | ɲ | c ɟ | ç ʝ | j | | | | ʎ |
| Velare | ŋ | k g | x ɣ | ɰ | | | | ʟ |
| Uvulare | ɴ | q ɢ | χ ʁ | | ʀ | | | |
| Farin. | | | ħ ʕ | | | | | |
| Epiglottale | | ʡ | ʜ ʢ | | | | | |
| Glottidale | | ʔ | h ɦ | | | | | |

**Non polmonari ed altri simboli**

| Clic | ʘ | | ǃ | ǂ | ǁ |
|---|---|---|---|---|---|
| Impl. | ɓ | ɗ | ʄ | ɠ | ʛ |
| Eiettive | p' | t' | k' | q' | s' |
| Altre laterali | | | | ɺ | ɬ |
| Coarticolazioni approssimanti | | | | ʍ w | ɥ |
| Coarticolazioni fricative | | | | ɕ ʑ | ɧ |
| Affricate | | | | t͡s d͡z | t͡ʃ d͡ʒ |
| Coarticolazioni occlusive | | | | k͡p ɡ͡ɓ | ŋ͡m |

# La Dizione italiana

A tutti è noto quanto sia importante il ruolo che la dizione italiana riveste in campi come professionali specifici come la recitazione o il doppiaggio, ma è meno noto che esistono degli ambiti professionali "insospettabili" in cui il parlare con la corretta dizione attribuisce un valore aggiunto alla comunicazione verbale. Questo perché la nostra percezione è in parte falsata da dei *bias cognitivi*, ovvero dei preconcetti culturali e, in parte, esperienziali che filtrano tutti gli input con cui veniamo in contatto, per cui siamo propensi ad attribuire un valore più elevato a quanto detto, se chi parla ha una voce *solida* e un accento neutro.

In sintesi un professionista che parla con la corretta dizione migliora la qualità della sua comunicazione e risulta, in qualche modo, più credibile perché agisce alla base, eliminando quei preconcetti legati al luogo di provenienza che prendono il nome di *bias diatopici*.

## Approcci conoscitivi alla dizione

La comunicazione si fonda sul linguaggio che, nelle società umane evolute, si esprime tramite l'articolazione e la ricezione di suoni articolati i quali sono oggetto di studio della fonetica.

Lo studio fonetico si può svolgere in due direzioni: il primo approccio è descrittivo, e si attua nella specificazione dei tratti fonetici di un linguaggio esaminato in un dato momento storico; il secondo è quello storico, in cui si studia la trasformazione fonetica dei suoni durante la loro evoluzione.

Tra queste due metodologie, per quanto attiene alla dizione come convenzione linguistica, il primo criterio è più produttivo, ma un contatto con la seconda impostazione può rendere conto delle numerose eccezioni cui va incontro e che sono di natura storica ed etimologica.

# La dizione in italiano

## Le vocali nell'italiano standard.

Come si è visto le vocali italiane sono in realtà sette, ma l'ortografia le riduce a cinque soltanto: solo nel caso la vocale sia accentata è possibile vedere due segni diversi.

Questo avviene anche perché il vocalismo atono italiano corrisponde esattamente ai segni vocali: la contrapposizione tra *è* aperta ed *é* chiusa e tra *ò* aperta ed *ó* chiusa viene meno e prevalgono i suoni chiusi. La *a* si considera sempre aperta, mentre *i* e *u* sono sempre chiuse.

Questa imperfezione strutturale dell'italiano, nato dal volgare fiorentino illustre con prestiti dal siciliano, ha posto notevoli inconvenienti all'affermarsi della dizione corretta e ha consentito il permanere di pronunce locali differenti. In alcuni casi, soprattutto per la *o* ma anche per la *e* in parole come *spegnere* o *freno*, sono ammesse entrambe le forme. In altri casi, come *pèsca* (il frutto) e *pésca* (l'azione), si hanno degli omografi non omofoni, ovvero si scrivono allo stesso modo ma si pronunciano in due modi differenti.

L'ortoepìa, dal greco antico ὀρθοέπεια, composto di ὀρθός «retto, corretto» e ἔπος «parola», è la corretta pronuncia di una lingua, considerata sia nel proprio sviluppo orale sia in rapporto con la scrittura, non però con riferimento a eventuali difetti di fonazione dovuti a imperfezioni organiche, né con riferimento agli effetti estetici dovuti a una dizione più o meno accurata.

# Dizione della lingua italiana

Tradizionalmente, la variante della lingua italiana presa come riferimento ortoepico è basata sulla pronuncia fiorentina, o più largamente su quella della Toscana e del resto dell'Italia centrale. La pronuncia di una parola italiana secondo tale standard solitamente non viene insegnata a scuola; per conoscerla si può ricorrere ad un vocabolario che per ciascun lemma ne riporti la trascrizione fonetica IPA, come illustrato nei paragrafi precedenti.

Nel territorio dello stato italiano e nei territori italofoni esteri sono tuttavia sovente usate, in primis dai madrelingua, pronunce delle parole italiane non afferenti lo standard.

# Ortoepia

Le principali caratteristiche delle diverse pronunce usate dagli italofoni possono essere:

- la posizione dell'accento tonico: sono frequenti parole con varianti di accentazione, ritenute più o meno accettabili;
- il valore vocalico o semiconsonantico della I (/i/ o /j/) e della U (/u/ o /w/);
- il grado di apertura della E e della O, dette "chiuse" o "aperte";
- la sonorità della S e della Z;

La RAI stessa promosse la stesura del Dizionario d'ortografia e di pronunzia per formare i propri giornalisti impegnati nelle prime trasmissioni, diffuse in una nazione costituitasi solo dal 1861 ed in cui la forte frammentazione dei volgari locali aveva portato a numerosi dialetti. L'ortoepia oggi è materia di studio, accanto alla dizione, nei corsi di recitazione e nella formazione giornalistica radiotelevisiva.

# Regole

Come abbiamo già detto la pronuncia standard della lingua italiana spesso non viene insegnata a scuola, perciò in Italia e nei paesi in cui la lingua italiana è parlata, restano prevalenti le sue varianti locali.

Le regole ortoepiche riguardano principalmente le vocali toniche E e O e alcune consonanti quali la S e la Z. L'apertura o la chiusura delle vocali è generalmente legata alla loro origine latina.

Ecco alcuni esempi: le parole che terminano in -endo, -ente derivano quasi sempre dalle terminazioni latine -ĕndo, -ĕnte portando alla pronuncia aperta della vocale E; le parole come *légno* o *méssa*, derivano invece da *lignum* e *missa* e mantengono ancora oggi un suono chiuso simile alla I, la E chiusa appunto.

Consideriamo inoltre che in alcuni casi l'apertura o chiusura della vocale distingue due termini, determinandone il significato, come per i due omografi, ma non omofoni visti in precedenza: pèsca (il frutto) e pésca (l'azione del pescare).

La lingua italiana ha naturalmente delle regole di pronuncia stringenti, e un numero di eccezioni e casi controversi nell'ordine di poche centinaia. Non molte se consideriamo che la lingua italiana è composta da oltre 150.000 vocaboli.

# La *è* aperta

La *è* aperta, alle origini della lingua italiana, nella maggior parte dei casi deriva dalla *ĕ* breve latina, dal dittongo *ae* e si trova inoltre nel dittongo *eu* derivato dallo stesso dittongo in latino che è rimasto all'interno della lingua più recente (neutrum → neutro).

Ma, poiché la lingua è stata, ed è ancora oggi, in continua evoluzione, possiamo riscontrare un considerevole numero di eccezioni.

## I casi

Sono riportati qui di seguito i casi in cui la lettera *e* ha suono aperto e le relative eccezioni, viene riportato graficamente con l'accento grave: *è*

### Nel dittongo *ie*

Es: bandièra, ièri, cavalière, lièto, diètro, piètra

**Eccezioni:**
- nei suffissi dei vocaboli di derivazione etnica. (es: ateniése);
- nei suffissi dei diminutivi in -iett (es: magliétta, fogliétto, vecchiétto);
- nei suffissi dei sostantivi in -iezz (es: ampiézza);
- nei vocaboli chiérico e bigliétto.

### Quando è seguita da vocale

Es: colèi, costèi, fèudo, idèa, lèi

**Eccezioni:**
- nella desinenza -ei del passato remoto (chiedéi);
- nelle preposizioni articolate (déi, néi, péi);
- in quéi.

### Quando è seguita da una consonante dopo la quale vengono due vocali

Es: assèdio, gènio, egrègio, prèmio.

**Eccezioni:**
- in frégio e sfrégio;
- seguita da gui, gua, guo (diléguo, perséguo, séguito, trégua).

## In vocaboli di origine straniera che terminano con una consonante

Es: la parola latina rèbus, hotèl, rècord, sèxy, prèmier, sèltz.

## In vocaboli tronchi di origine straniera

Es: caffè, bignè, tè /la bevanda/, gilè.

## Nelle declinazioni verbali del modo condizionale 1° persona singolare (-èi), 3° persona singolare (-èbbe) e plurale (-èbbero)

Es: vorrèi, andrèi, colpirèbbe, leggerèbbe, potrèbbero, verrèbbero.

## Nelle terminazioni in -eca, -eco, -eche, -echi

Es: tèca, èco, gèco, cortèco, trichèchi, discotèche, enotèca, bibliotèca, paninotèca, videotèca, comprendendo anche i nomi di popolo come Grèco, Guatemaltèco, Aztèco, Zapotèco, Toltèco, Uzbèco.

## Nei suffissi in -edine

Es: salsèdine, pinguèdine, raucèdine, torpèdine, intercapèdine, acrèdine.

## Nei diminutivi in -èllo e nei vocaboli che finiscono in -èllo, -èlla

Es: pagèlla, mastèllo, sorèlla, fratèllo, orpèlli, caramèlle, torèlli, giovincèlle.

**Eccezioni:**
- nelle preposizioni articolate (déllo, délla ma anche dégli, dél, délle);
- negli aggettivi dimostrativi (quéllo, quélla ma anche quégli, quél, quélle);
- nei pronomi personali (éllo, élla);
- nei vocaboli stélla, capéllo.

## Nei suffissi applicati ai vocaboli che terminano in -èmo, -èma, -èno, -èna, compresi i suffissi dei nomi etnici in -èno, -èna

Es: rèmo (sostantivo e verbo), dèmo, blasfèmo, estrèmo, suprèmo, strèmo, postrèmo, crisantèmo, teorèma, poèma, tèma (l'elaborato scritto), sistèma, schèma, eritèma, problèma, crèma, oscèno, fièno, alièno, pièno, amèno, cilèno, trèno, stèno, scèna, ièna, golèna, polèna, pergamèna, novèna, murèna, lesèna, cantilèna, falèna.

**Eccezioni**:
- scémo, témo (verbo; anche tèmo);
- téma (timore);
- baléno, veléno, méno, séno, nemméno, terréno, seréno, fréno (anche frèno);
- altaléna, baléna, céna, Maddaléna, réna, péna.

## Nei verbi uscenti in -èndere

Es: accèndere, fèndere, pèndere, rèndere, prèndere, tèndere.
**Eccezioni**: scéndere e véndere.

## Negli aggettivi e sostantivi che terminano in -èndo e nei gerundi

Es: stupèndo, tremèndo, addèndo, leggèndo, partèndo.

## Nei vocaboli in -ènne

Es:perènne, indènne, maggiorènne.
**Eccezione**: nella 3° persona singolare passato remoto modo indicativo.
Es: vénne, otténne.

## Nei vocaboli derivati dai numerali in -ènne e -ènnio

Es: quadriènnio, ventènnio, decènni, ventènne, quarantènne, ventitreènne.

## In aggettivi e sostantivi terminanti in -ènse, -ènso, -ènte, -ènto, -ènti e nei participi presenti

Es: statunitènse, ripènse, circènse, eracleènse, amanuènse, cisterciènse (o cistercènse), cènso, sènso, immènso, dènso, propènso, melènso, intènso, torrènte, tenènte, gènte, sovènte, ingènte, dènte, lènte, parènte, pendènte, decadènte, accènto, redènto, talènto, lènto, argènto, cènto, vènto, stuzzicadènti, accidènti.

**Eccezioni**:
- vénti (numero), trénta;
- nei sostantivi in -ménto, -ménte, -ménta, -ménti.

Es: ménto, ceménto, medicaménto, fondaménto, sbancaménto, moménto, soffocaménto, paviménto, ménte, seménte, ménta, torménta, ferraménta, giuménta, pariménti, altriménti;
- in tutti gli avverbi in -ménte.

Es: veraménte, praticaménte, benevolménte, simpaticaménte, assolutaménte (ma si dice demènte, clemènte, poiché non sono avverbi).

## Nei vocaboli uscenti in -ènza

Es: crescènza, lènza, evidènza, precedènza, scivènza, conoscènza, eccellènza, frequènza, sènza.

## Nelle terminazioni -èrbo o -èrba

Es: risèrbo, acèrbo, sèrbo, supèrbo, èrba, sèrba.

## Nelle terminazioni -èrbia

Es: supèrbia.

## Nei vocaboli uscenti in -èrio, -èria

Es: desidèrio, putifèrio, sèrio, cèrio, critèrio, deutèrio, artèria, matèria, misèria.

## Nei vocaboli uscenti in -èrno e -èrna

Es: pèrno, matèrno, altèrno, etèrno, odièrno, infèrno, stèrna, lantèrna, tèrna, cavèrna, tavèrna, cistèrna.

**Eccezione**: schérno.

## Nei vocaboli in -èrro e -èrra

Es: tèrra, fèrro, guèrra, affèrro, sottèrro, sèrra, vèrro, sottèrra.

## Nei vocaboli in -èrso e -èrsa

Es: pèrso, emèrso, vèrso, tèrso, sommèrso, dispèrsa, detèrsa, rivèrsa.

## Nei vocaboli in -èrto, -èrta e -èrte

Es: apèrto, copèrta, incèrto, soffèrto, consèrte, cèrto.
**Eccezioni**: nei vocaboli érta (salita), érto (scosceso) e nell'espressione all'érta.

## Nelle terminazioni in -èrvo, -èrva

1.   Es: sèrvo, cèrvo, risèrva, nèrvo.

## Nelle terminazioni in -èrvia

Es: protèrvia, Cèrvia, impèrvia.

## Nelle terminazioni in -èrrimo

Es: integèrrimo, aspèrrimo, acèrrimo.

## Negli aggettivi numerali in -èsimo

Es: centèsimo, millèsimo, quarantèsimo; anche infinitèsimo.

## Nelle terminazioni in -èstre, -èstra, -èstro, -èstri

Es: alpèstre, terrèstre, palèstra, canèstro, finèstra, pedèstre, maldèstro, ambidèstro, dèstra.
**Eccezione**: maéstro, pronunciato anche maèstro.

## Nell'imperfetto indicativo del verbo essere: io èro, tu èri, egli èra, essi èrano.

**Nelle forme rafforzate del modo indicativo passato remoto nella seconda coniugazione ètti, ètte, èttero**

Es: io credètti, egli credètte, essi credèttero.

# La é chiusa

La é chiusa, trova la sua origine nella lingua latina e deriva nella maggior parte dei casi dalla ē lunga, dalla i breve, dal dittongo *oe*.

- mé ← mē (ablativo);
- pésce ← pisce (ablativo);
- péna ← poena (ablativo).

## I casi

Sono riportati qui di seguito i casi in cui la lettera "e" ha suono chiuso e le relative eccezioni, viene riportato graficamente con l'accento acuto: é.

## In posizione atona

Es: véloce, malé, verdé (l'accento tonico non cade nella *e* segnata nell'esempio).

## Nei monosillabi atoni

Es: é (congiunzione), mé, né, té, sé, ré (monarca), vé, pér.
**Eccezione**: il vocabolo rè (nota musicale).

## Nei suffissi avverbiali in -mente

Es: assolutaménte, inutilménte, veloceménte.

## Nelle terminazioni in mento e menta

Es: sentiménto, proponiménto, moménto, ménta, struménto, torménto, godiménto, struggiménto, falliménto.
**Eccezioni**: nella coniugazione del verbo mentire: mènto, ma anche possibile con é chiusa: ménto.

## Nei vocaboli tronchi in -ché

Es: perché, giacché, anziché, poiché, fuorché, sicché, macché.

## Nelle terminazioni -éccio e -éccia

Es: fréccia, tréccia, libéccio, villeréccio, intréccio, cicaléccio.

## Nelle terminazioni in -éfice

Es: oréfice, carnéfice, artéfice, pontéfice.

## Nelle terminazioni -éggio, -éggia, -éggi, égge

Es: campéggio, manéggio, postéggio, pontéggio, alpéggio, cartéggio, légge (sostantivo), puléggia.
**Eccezioni**:
* i vocaboli règgia, sèggio, pèggio;
* tutte le voci del verbo lèggere;

## Negli aggettivi in -ésco

Es: pazzésco, burlésco, guerrésco, goliardésco, principésco, farsésco, manésco.

## Nelle terminazioni -ése, -éso, -ésa, -ési

Es: arnése, frésa, sospéso, paése, francése, imprésa, péso, illéso.
**Eccezioni**:
* nei vocaboli nei quali la *e* fonica forma dittongo con la *i* (es: chièsa);
* nei vocaboli blèso, obèso, tèsi (sostantivo), catechèsi, esegèsi.

## Nei suffissi in -ésimo corrispondenti a -ismo

Es: battésimo, umanésimo, cristianésimo, paganésimo.

## I sostantivi in -éssa

Es: dottoréssa, principéssa, contéssa, elefantéssa, badéssa.

## I sostantivi in -éto e -éta

Es: fruttéto, meléto, pinéta, agruméto, roséto.

# Nei suffissi di sostantivi e aggettivi diminutivi e collettivi in -étto, -étta

Es: librétto, casétta, chiesétta, pezzétto, navétta, terzétto, quintétto, palchétto, porchétta, forchétta, carrétta, collétto.

# Nelle terminazioni in -eguo, -egua séguo, adéguo, trégua, diléguo

# Nei suffissi di aggettivi che al singolare terminano in -évole

Es: lodévole, incantévole, ammirévole, caritatévole, deplorévole, cedévole, arrendévole.

# Nei suffissi di sostantivi in -ézza

Es: bellézza, debolézza, chiarézza, salvézza, dolcézza, mitézza, arrendevolézza, segretézza.
**Eccezione**:
il vocabolo *mèzza*.

# Nelle preposizioni articolate

Es: dél, délla, déllo, dégli, délle, déi, nél, néllo, nélla, négli, nélle, néi, péi.

# Nei pronomi personali

Es: égli, élla, ésso, éssa, éssi, ésse.

# Negli aggettivi dimostrativi

Es: quésto, quésta, quéste, quésti, quéllo, quélla, quégli, quélli, quélle, codésto, codésta, codésti, codéste.

# Nelle desinenze -émo, -éte del futuro indicativo

Es: farémo, faréte.

## Nelle desinenze dell'imperfetto congiuntivo -ésse, -éssi, -éste, -éssimo, -éssero

Es: facéssero, mordéssi, leveréste, tendéssimo, voléssero.

## Nelle desinenze del condizionale -résti, -rémmo, -réste

## Nelle desinenze dell'imperfetto -évo, -évi, -éva, -évano

Es: facévo, mettévi, ardéva, ponévano.

## Nelle desinenze del passato remoto -éi, -ésti, -éste, -émmo, -érono -é

Es: voléi, mettésti, sostenéste, tendémmo, volérono, perdé.

## Nelle desinenze dell'Indicativo Presente e dell'Imperativo in -éte

Es: prendéte, cadéte, rompéte, voléte, potéte, dovéte.

## Nelle desinenze dell'infinito dei verbi della seconda coniugazione

Es: tenére, avére, cadére, volére, bére, giacére.

# La ò aperta

La ò aperta, trova la sua origine nella lingua latina e deriva nella maggior parte dei casi dalla ŏ breve e dal dittongo *au* del latino classico: pòrta ← porta (latino), òro ← auru(m) (accusativo).

## I casi

### Nel dittongo uo

Es: tuòno, scuòla, uòmo, suòi, tuòi, buòi, vuòi, suòcera, nuòra, suòra, cuòre.
**Eccezioni**:
* quando il dittongo fa parte dei suffissi di sostantivi in -uosa, -uoso;
* nei vocaboli liquóre, languóre.

### Nei vocaboli tronchi in -ò comprese le forme verbali del futuro e del passato remoto

Es: però, falò, andrò, arrivò, cercò, sognò, pedalò, ritirò, acquistò.

### Nei vocaboli in cui *o* sia seguita da consonante e poi due vocali

Es: negòzio, sòcio, petròlio.
**Eccezione**:
* nel vocabolo incrócio.

### Nei vocaboli in -òrio e -òria

Es: stòria, glòria, dormitòrio, conservatòrio.

### Nei vocaboli di origine straniera entrati a far parte del linguaggio comune

Es: bòxe, gòng, yògurt, lòden, lòrd, pòster.

### Nelle terminazioni in -òccio e -òccia

Es: cartòccio, saccòccia, bòccia, grassòccio, ròccia, figliòccio.

**Eccezioni:**
- i vocaboli dóccia e góccia.

## Nelle terminazioni in -òdo, -òda e -òde

Es: bròdo, chiòdo, sòda, mòda, pagòda, chiòdo, lòdo, òdo, fròdo, fròde.

**Eccezioni:**
- nel verbo ródere e nei suoi composti (es: ródo, eródo, corródo, ecc.);
- nel vocabolo códa.

## Nelle terminazioni in -òge, -ògia, -ògio, -òggia, -òggio, -òggi

Es: dòge, fòggia, òggi, piòggia, barbògio, allòggio, fròge, appòggia, appòggio.

## Nei suffissi di sostantivi e aggettivi in -òide

Es: tiròide, mattòide, collòide, steròide, pazzòide.

## Nei suffissi di sostantivi in -òlo e -òla

Es: carriòla, tritòlo, stagnòla, tagliòla, bagnaròla, mariuòlo, mentòlo.

**Eccezioni:**
- i vocaboli sólo, vólo;
- le voci del verbo colare e i suoi derivati (es: cólo, scólo, ecc.).

## Nei suffissi -òsi e -òsio in sostantivi usati in campo scientifico e medico

Es: calcolòsi, fibròsi, tubercolòsi, artròsi, ipnòsi, lattòsio, destròsio, maltòsio, saccaròsio, glucòsio.

## Nei suffissi di sostantivi e aggettivi in -òtto e in generale nelle terminazioni in -òtto, -òtta

Es: sempliciòtto, bambolòtto, lòtto, bòtta, còtto, còtta, salòtto, dòtto, decòtto.

- nei verbi derivati dal latino ducere (es: indótto, condótto, ridótto, tradótto, ecc.);
- nei vocaboli ghiótto, rótto, sótto.

## Nei suffissi dei sostantivi in -òttolo e -òttola

Es: viòttolo, collòttola, naneròttolo, pallòttola.

## Nei suffissi dei sostantivi in -òzzo e -òzza

Es: tinòzza, tavolòzza, còzzo, tòzzo, còzza, piccòzza.
**Eccezioni:**
- i vocaboli gózzo, pózzo, singhiózzo, rózzo, sózzo.

## Nei suffissi dei sostantivi in -òlgia e -òrgia

Es: bòlgia, fòrgia, òrgia.

## Nelle terminazioni del passato remoto -òlsi, -òlse, -òlsero

Es: còlsi, tòlsero, sconvòlsero, vòlsero, vòlsi, avvòlsero, raccòlsi.

## Nei participi passati in -òsso

Es: mòsso, scòssa, percòsso.

## Nei suffissi di derivazione greca -òlogo, -ògico, -ògrafo, -òmico

Es: pròlogo, psicològico, fotògrafo, còmico.

# La *ó* chiusa

La ó chiusa, trova la sua origine nella lingua latina e deriva nella maggior parte dei casi dalla ō lunga latina, dalla ŭ breve, dalla o in posizione atona e dalle terminazioni *-us* e *-um*: óra ← hōra, fóndo ← fŭndu(m) (accusativo), senato ← senatus.

## I casi

### Nei monosillabi che terminano in consonante

Es: cón, nón, cól.

**Eccezioni**:
- i vocaboli sòl (nota musicale e non troncamento di sole) e dòn.

### Nelle terminazioni in -óce

Es: cróce, feróce, atróce, fóce, nóce.

**Eccezioni**:
- nei casi in cui la o sia preceduta dalla vocale u formando il dittongo -uo- (es: nuòce, cuòce, ecc.);
- nel vocabolo precòce.

### Nelle terminazioni in -ógno, -ógna

Es: bisógno, carógna, sógno, cicógna, zampógna, rampógna.

### Nei suffissi di aggettivi in -ógnolo

Es: amarógnolo, giallógnolo.

### Nelle terminazioni in -óne

Es: missióne, ottóne, nasóne, calzóne, coccolóne, briccóne, mascalzóne, pantalóne, giaccóne, veglióne, torrióne, bastióne.

### Nelle terminazioni in -zióne

Es: azióne, creazióne, dizióne, lezióne, situazióne.

# Nei suffissi di sostantivi e aggettivi in -óio, -óia

Es: abbeveratóio, galoppatóio, mangiatóia, mattatóio, corridóio, feritóia, cesóia, tettóia.

**Eccezioni**:

i vocaboli sòia, salamòia, nòia, bòia, sequòia, giòia e stuòia.

## Nelle terminazioni in -óndo, -ónda

Es: fóndo, móndo, secóndo, sónda, ónda.

## Nelle terminazioni in -ónto, -ónte, -ónta

Es: frónte, cónto, ónta, mónte, scónto, accónto, viscónte.

# Nei suffissi di sostantivi in -ónzolo

Es: medicónzolo, pretónzolo, girónzolo, frónzolo.

## Nelle terminazioni in -óre, -óra

Es: dolóre, amóre, óra, ancóra, finóra, attóre, candóre, tenóre, fattóre, corridóre, calóre, livóre, fervóre, colóre, nuotatóre, pescatóre.

**Eccezioni**:

- nei casi in cui la o sia preceduta dalla vocale u formando il dittongo - uo (es: nuòra, cuòre, ecc.)

## Nelle terminazioni in -órno, -órna

Es: giórno, contórno, fórno, adórna, ritórna, ritórno.

**Eccezioni**:

- i vocaboli còrno, còrna, pòrno.

# Nei suffissi di sostantivi e aggettivi in -óso, -ósa

Es: affettuóso, afóso, erbósa, gioióso, dolorósa, ambizióso, contenzióso, collósa, medicamentósa, curióso, pallósa, sediziósa, cal050ruso

Es: affettuóso, afóso, erbósa, gioióso, dolorósa, ambizióso, contenzióso, collósa, medicamentósa, curióso, pallósa, sediziósa, caloróso, stizzóso, baldanzósa, borióso.

**Eccezioni**:

- i vocaboli ròsa (fiore e colore), còsa, iòsa, spòsa.

## Nei pronomi personali

Es: nói, vói, lóro, costóro, colóro.

# la *S* e la *Z* sorde e sonore

Una distinzione simile a quella fatta per le vocali è anche individuabile per le consonanti fricative e affricate che sono segnate come *S* e *Z*.

Tali consonanti sono rappresentate nel Dizionario di Ortografia e Pronunzia della Rai (Dop Rai) con / s z / e / ʃ ʒ /[28], sono articolate con un significativo restringimento del canale fonatorio. Da questa fessura l'aria fuoriesce generando rumori di frizione nel caso dei fonemi fricativi e altri che sono una successione di esplosivi e fricativi, nel caso di quelli affricati.

Pertanto avremo:

- fricativa alveolare sorda, come nelle parole sole, rosso, cascare;
- fricativa alveolare sonora, come nelle parole rosa, asilo, vaso;
- affricata alveolare sorda, come nelle parole marzo, forza;
- affricata alveolare sonora, come nelle parole zanzara, azalea, dozzina.

## La S aspra o sorda

La *S* aspra o sorda italiana è quella usata per pronunciare il vocabolo sale.

## I casi

## Quando si trova in principio di vocabolo ed è seguita da vocale

Es: sole, sale, sapere, sedano, sorpresa, sabato, sicuro, solluchero, sedurre, sospetto, situazione, secessione, superiore, sultano.

## Quando è iniziale del secondo componente di un vocabolo composto

Es: affittasi, disotto, girasole, prosegue, risapere, unisono, preservare, riservare, reggiseno, pluristrato, multistrato.

## Quando è doppia

---

28  Ricordiamo che la notazione utilizzata nel DOP, non rispecchia quella standard utilizzata dall'International Phonetic Association, per cui suggeriamo di fare riferimento solo al primo nello studio della dizione italiana, onde evitare confusione.

Es: essere, asso, tosse, dissidio, tessera, rissa, fossa, riscossa, affossare, arrossare, assistente, intossicante.

## Quando è preceduta da consonante

Es: arso, polso, comprensione, corso, ascensore, censore, pulsore, arsura, tonsura, censo, incenso.

**Eccezioni**: si pronuncia sonora nei vocaboli con prefisso trans-.

Es: transalpino, transatlantico, transigere, transitare, translucido, transoceanico.

## Quando è seguita dalle consonanti cosiddette sorde c, f, p, q, t

Es: scala, sfera, spola, squadra, storta, ascolto, aspetto

**Nota Bene**:

il DOP stabilisce che il suono della *S* debba essere aspro anche in molti altri casi come casa, cosa, così, mese, naso, peso, cinese, piemontese, goloso, bisognoso, chiuso e altri appartenenti alla stessa casistica. E' comunque accettato in molti ambienti professionali l'uso della s dolce o sonora.

## La S dolce o sonora

La *S* dolce o sonora italiana è quella usata per pronunciare il vocabolo asma.

## I casi

## Quando si trova tra due vocali

Es: viso, rosa, chiesa, bisogno, uso, coeso, difeso, contuso, colluso, reso (nome di scimmia, conosciuta anche come rhesus), bleso, blusa.

**Eccezioni**:

- in alcuni vocaboli come preside, presidente, trasecolare, disegno, poiché questi vocaboli, in realtà, sono vocaboli composti anche se questa caratteristica non è immediatamente evidente;
- nei vocaboli casa, cosa, così, mese, naso, peso, cinese, piemontese, goloso, bisognoso, chiuso e altri appartenenti alla stessa casistica.

## Quando è seguita dalle consonanti cosiddette sonore: b, d, g, l, m, n, r, v

Es: sbarco, sdegno, sdoppiare, sgarbo, sgridare, slitta, slegare, smania, sminuzzare, sniffare, snaturare, sradicare, svelto, sventare.

## La Z aspra o sorda

La Z aspra o sorda italiana è quella usata per pronunciare il vocabolo calza e deriva spesso dalla *ti* seguita da vocale del latino classico. Per esempio: prezzo ← pretium, terzo ← tertium, facezia ← facetia.

## I casi

## Quando è preceduta dalla lettera *l*

Es: alzare, sfilza, calza, milza, innalzare, scalzare, colza, balzano, filza, calzolaio.

**Eccezioni**: si pronuncia sonora nei vocaboli elzeviro e belzebù.

## Quando è lettera iniziale di un vocabolo e la seconda sillaba inizia con una consonante sorde c, f, p, q, t

Es: zampa, zoccolo, zoppo, zappa, zattera, zufolo, zinco, zucchero, zitto, zolfo, zecca.

**Eccezioni**: si pronuncia sonora nei vocaboli zaffiro, zefiro, zotico, zeta, zafferano, Zacinto.

## Quando è seguita dalla vocale i seguita a sua volta da un'altra vocale

Es: zio, agenzia, polizia, grazia, ospizio, silenzio, vizio.

**Eccezioni**: si pronuncia sonora nel vocabolo azienda e in tutti quei vocaboli derivati da altri vocaboli che seguono la regola della zeta dolce o sonora come ad esempio *romanziere* che deriva da *romanzo*.

## Nei vocaboli con terminazioni in -ezza, -ozza, -uzzo

Es: grandezza, tinozza, spruzzo, carrozza, puzzo, pozzo, olezzo, piccozza.

**Eccezioni**: si pronuncia sonora nel vocabolo brezza e rozzo e grezzo.

## Nelle desinenze dell'Infinito in -azzare

Es: ammazzare, strapazzare, sghignazzare, cozzare, insozzare, sminuzzare.

## Nei suffissi in -anza, -enza

Es: speranza, usanza, credenza, assenza, prudenza, portanza, presenza.

## Nei suffissi in -onzolo

Es: ballonzolo, pretonzolo, mediconzolo.

## La Z dolce o sonora

La Z dolce o sonora italiana è quella usata per pronunciare il vocabolo zero e deriva spesso dalla -di- seguita da vocale del latino classico. Per esempio: pranzo ← prandium, razzo ← radĭum (raggio).

## I casi

## Nei suffissi dei verbi in -izzare

Es: organizzare, penalizzare, coalizzare, concretizzare, carbonizzare, sinterizzare, sintetizzare.

## Quando è lettera iniziale di un vocabolo ed è seguita da due vocali

Es: zaino, zuavo, zoologo.

**Eccezioni**: si pronuncia sorda nel vocabolo *zio* e suoi derivati che rientrano nella regola della zeta aspra o sorda perché presentano la vocale i seguita da un'altra vocale.

## Quando è lettera iniziale di un vocabolo e la seconda sillaba inizia con una delle consonanti dette sonore b, d, g, l, m, n, r, v

Es: zebra, zodiaco, zigote, zelante, zummare, zenzero, zero, zavorra.

**Eccezioni**: si pronuncia sorda nei vocaboli zanna e zazzera e nel vocabolo zigano perché in realtà deriva dal termine caucasico tzigan.

## Quando è semplice in mezzo a due vocali semplici

Es: azalea, azoto, ozono, Ezechiele, Azeglio, nazareno.

**Eccezioni**: si pronuncia sorda nel vocabolo nazismo.

# Raddoppiamento fonosintattico

In italiano, con raddoppiamento fonosintattico (o geminazione sintagmatica o raddoppiamento sintagmatico) si indica il raddoppiamento subìto nella pronuncia della consonante iniziale di una parola legata alla precedente:

Ecco alcuni esempi:

- "vado a casa" che si pronuncia "vado a(c)casa";
- "fra le montagne" che si pronuncia "fra(l)le montagne";
- "che cosa è successo" che si pronuncia "che(c)cosa è(s)successo";
- "farà caldo" che si pronuncia "farà(c)caldo".

Naturalmente il fenomeno di raddoppiamento è legato non solo alla pronuncia ma, come si può intuire dal nome stesso, è legato alla sintassi. Se la catena del parlato non prevede pause tra una parola e l'altra la loro pronuncia ne sarà influenzata.

Il raddoppiamento fonosintattico è tipico del vernacolare toscano e dell'italiano centro-meridionale ed è invece pressoché assente al nord.

Proprio perché è un fenomeno che possiamo riscontrare nella parlata toscana, fa legittimamente parte della pronuncia normativa (ortoepia) dell'italiano standard, e alcune parole italiane nascono proprio grazie al suo influsso.

Ecco di seguito alcuni esempi di parole che hanno subito un processo di univerbazione, che ha portato all'unione di due vocaboli e che graficamente ha portato alla rappresentazione grafica del raddoppiamento fonosintattico:

- davvero, affinché, daccapo, piuttosto, semmai.

## Casi tipici in italiano standard

Si verifica il fenomeno di raddoppiamento fono sintattico.

## Quando la consonante è preceduta da una parola tronca

Es: La città nuova → La città(n)nuova.

## Quando la consonante è preceduta da un monosillabo forte, oppure il monosillabo è usato metalinguisticamente

Es: Andiamo a casa /→ Andiamo a(c)casa.

## Quando la consonante è preceduta dalle parole: come, dove, qualche e sopra

Esempi:

- come va? → come(v)va?;
- dove vai? → dove(v)vai?;
- qualche volta → qualche(v)volta;
- sopra la panca → sopra(l) la panca.

## Con le parole: dio, dèi, dea, dee quando precedute da vocale, Maria in Ave Maria (anche senza raddoppiamento), e Santo in Spirito Santo

Esempi:

- mio Dio → mio(d)Dio;
- Ave Maria → Ave(m)Maria;
- Spirito Santo → Spirito(s)Santo.

# Lista monosillabi raddoppianti

Ne la lingua italiana, esiste un numero consistente di monosillabi che producono raddoppiamento fonosintattico; è importante affrontarli per tipologia, in modo da migliorare la memorizzazione perché possa esser più facile richiamare la regola durante l'eloquio.

## Verbi

(essere) è, fu; (avere) ho, ha; (andare) vo (lett.), va (ind. e imp.); (dare) do, dà (ind. e imp.); (fare) fo (lett.), fa (ind. e imp.), fé (ant.); (sapere) so, sa; (stare) sto, sta (ind e imp.); (potere) può.

**Attenzione**: Gli imperativi in forma elisa, quindi con l'apostrofo, va', da', fa', sta' non producono raddoppiamento fonosintattico.

## Congiunzioni

che (o ché), e, ma, né, o, se.

## Pronomi

che, chi, ciò, sé, tu; me e te.

Questi ultimi da non confondere con le varianti delle particelle mi e ti davanti ai proclitici lo, la, li, le, ne.

per esempio si verifica il fenomeno del raddoppiamento con:

- per me no → per me(n)no;
- a me lo dirà → a(m)me (l)lo dirà;

non si verifica invece se il me è seguito da un proclitico:

- me ne dai → me ne dai;
- me lo dici → me lo dici.

## Preposizioni

Con le preposizioni semplici: a, da, su, tra e fra; e anche le particelle preposizioni *de* e *ne* usate in poesia o davanti ai titoli.

## Avverbi

Con gli avverbi: su e giù; qui e qua; lì e là; sì, no; già; più; (o)'ve, mo (adesso).

## Sostantivi

- blu, co, dì, gru (animale e macchina), gnu, pro (vantaggio), re, sci, tè, tre;

- i troncamenti: fé(de), fra(te), a mo'(do) di, pre'(te), piè(de), pro'(de);
- i nomi delle lettere: a, bi, ci, di, e, gi, i, pi, qu (o cu), ti, u, vu (o vi), ma anche gli antichi be, ce, de, ge, pe, te, ca; le greche: mi, chi, ni, xi, pi, rho, phi, psi;
- i nomi delle note: do, re, mi, fa, la, si.

Infine è necessario prestare la massima attenzione alla seguente regola: gli articoli lo, la, gli, li, le non producono raddoppiamento fonosintattico.

# Esercizi di lettura

Durante la prima lezione di ogni nostro corso, esordiamo affermando che l'esercizio è l'unico modo per padroneggiare la dizione italiana in modo che il parlato risulti naturale e che siano poche le risorse cognitive destinate al capire se si sta pronunciando quella *e* chiusa o aperta a seconda dei casi.

In questa sezione del libro vogliamo portare nella pratica tutte le regole e le indicazioni viste fino ad ora, in modo da poter avere un primo banco di prova per sperimentarsi ed esercitarsi in questa nuova competenza.

Ogni testo è riportato con la sua forma scritta, esattamente come puoi trovarla in un libro, ma successivamente ti proponiamo la notazione correttamente segnata per una lettura in perfetta dizione.

Prova prima a leggere il testo neutro, cercando di porre le giuste accentazioni ricordando quanto appreso nei capitoli precedenti, poi segnalo sempre facendo riferimento alla tua memoria, infine confrontalo con il testo corretto, verifica gli errori e riguarda le regole e le eccezioni che hanno reso fallace la tua notazione.

Una volta davanti al testo corretto, il tuo, leggi, registrati ascoltati.

Con attenzione e costanza riuscirai a discriminare, parlare e in seguito padroneggiare la dizione italiana.

# Esercizio di lettura n°1

Vita e avventure di Robinson Crusoe, di Daniel De Foe (Defoe 1719).

Nacqui dell'anno 1632 nella città di York d'una buona famiglia, benché non del paese, perché mio padre, nativo di Brema, da prima venne a mettere stanza ad Hull; poi fattosi un buono stato col traffico e dismesso indi il commercio, trasportò la sua dimora a York; nella qual città sposò la donna divenuta indi mia madre. Appartiene questa alla famiglia Robinson, ottimo casato del paese; onde io fui chiamato da poi Robinson Kreutznaer, ma per l'usanza che si ha nell'Inghilterra di svisar le parole, siamo or chiamati anzi ci chiamiamo noi stessi, e ci sottoscriviamo Crusoe, e i miei compagni mi chiamarono sempre così. Ebbi due fratelli maggiori di me, un de' quali, tenente-colonnello in un reggimento di fanteria inglese, servì nella Fiandra, prima sotto gli ordini del famoso colonnello Lockhart, poi rimase morto nella battaglia accaduta presso Dunkerque contro agli Spagnoli.

Che cosa divenisse dell'altro mio fratello non giunsi a saperlo mai più di quanto i miei genitori abbiano saputo in appresso che cosa fosse divenuto di me. Terzo della famiglia, né essendo io stato educato ad alcuna professione, la mia testa cominciò sin di buon'ora ad empirsi d'idee fantastiche e girovaghe. Mio padre, uomo già assai vecchio, che mi aveva procurata una dose ragionevole d'istruzione, fin quanto può aspettarsi generalmente da un'educazione domestica e dalle scuole pubbliche del paese, mi destinava alla professione legale; ma nessuna vita mi garbava fuor quella del marinaio, la quale inclinazione mi portò sì gagliardamente contro al volere, anzi ai comandi di mio padre, e contro a tutte le preghiere e persuasioni di mia madre e degli amici, che si sarebbe detto esservi nella mia indole una tal quale fatalità, da cui fossi guidato direttamente a quella miserabile vita che mi si apparecchiava.

# Accentazione ortoepica lineare

Vita é avventure di Ròbinson Crusoe, di Daniel Dé Foe.

Nacqui déll'ànno 1632 nélla città⇄di Yòrk d'una buòna famiglia, benché⇄nón dél paése, perché⇄mio padre, nativo di Brèma, da⇄prima vénne a⇄méttere stanza ad Hull; pòi fattosi un buòno stàto cól tràffico é⇄diʃmésso indi il commèrcio, trasportò⇄la sua dimòra a Yòrk; nélla qual città spoʃò⇄la dònna divenuta indi mia madre. Appartiène quésta alla famiglia Ròbinson, òttimo casato dél paéʃe; ónde io fui chiamàto da⇄pòi Ròbinson Kreutznaer, ma⇄pér l'uʃanza ché⇄si ha⇄nell'Inghiltèrra di ʃviʃar lé paròle, siamo ór chiamati anzi ci chiamiamo nói stéssi, é⇄ci sottoscriviamo Crusoe, é i mièi compagni mi chiamarono sèmpre così. Èbbi due fratèlli maggióri di mé, un dé' quali, tenènte-colonnèllo in un reggiménto di fanteria inglése, servì⇄nélla Fiandra, prima sótto gli órdini dél famóso colonnèllo Lòckhart, pòi rimàse mòrto nélla battàglia accaduta prèsso Dunkérque cóntro agli Spagnòli.

Ché⇄còsa divenisse dell'altro mio fratèllo nón giunsi a⇄sapérlo mai più⇄di quanto i mièi genitóri abbiano saputo in apprèsso ché⇄còsa fósse divenuto di mé. Tèrzo délla famiglia, né èssèndo io stato educato ad alcuna professióne, la mia tèsta cominciò⇄sin di buòn'óra ad empirsi d'idèe fantastiche é⇄giròvaghe. Mio padre, uòmo già assai vècchio, ché⇄mi avéva procurata una dòʃe ragionévole d'istruzióne, fin quanto può aspettarsi generalménte da un'educazióne domèstica é⇄dalle scuòle pubbliche dél paéʃe, mi destinava alla professióne legale; ma⇄nessuna vita mi garbava fuòr quélla dél marinaio, la quale inclinazióne mi portò⇄sì⇄gagliardaménte cóntro al volére, anzi ai comandi di mio padre, é⇄cóntro a⇄tutte le preghière é⇄persuaʃióni di mia madre é⇄dégli amici, ché⇄si sarèbbe détto èsservi nélla mia indole una tal quale fatalità, da⇄cui fóssi guidato direttaménte a⇄quella miʃerabile vita ché mi si apparecchiava.

# Esercizio di lettura n°2

Una discesa nel Maelström, di Edgar Allan Poe (Poe 1841).

Avevamo raggiunto il sommo della rupe più elevata. E per qualche momento il vecchio parve troppo esausto per parlare.

«Non è passato tanto tempo» disse alla fine «da quando io avrei potuto guidarvi su questa strada come il più giovane dei miei figlioli; ma circa tre anni or sono, mi capitò una avventura quale non è mai toccata a essere umano o almeno a essere che le sia sopravvissuto per raccontarla; e le sei ore di terrore mortale che ho passate allora, mi hanno rovinato anima e corpo. Voi mi credete vecchissimo, ma non lo sono. Ci volle meno di un giorno per farmi diventare bianchi i capelli, per fiaccarmi le membra e scuotermi i nervi così da tremare a ogni più piccolo sforzo, e da aver paura di un'ombra. Lo credereste che quasi non posso guardare giù da questa piccola rupe senza essere preso da vertigine?

La "piccola rupe" sull'orlo della quale il vecchio si era negligentemente sdraiato per riposarsi (in modo che la parte più pesante del corpo sporgeva nel vuoto, e l'unica cosa che lo tratteneva dal cadere era il gomito puntato contro lo sdrucciolevole angolo estremo della roccia), quella "piccola rupe" di nero granito lucente si ergeva a picco di un millecinque o seicento piedi sopra il mondo caotico delle rocce sottostanti. Per quanto mi riguarda, nulla al mondo avrebbe potuto tentarmi ad avvicinarne l'orlo più in là della mezza dozzina di piedi che me ne separavano.

# Accentazione ortoepica lineare

Una discésa nél Maelström, di Èdgar Allan Póe.

Avevamo raggiunto il sómmo délla rupe più elevata. É⇌pér qualche moménto il vècchio parve tròppo eſausto pér parlare.

«Nón è⇌passato tanto tèmpo» disse alla fine «da⇌quando io avrèi potuto guidarvi su⇌quésta strada cóme il più⇌giovane déi mièi figliòli; ma⇌circa tré anni ór sóno, mi capitò una avventura quale nón è⇌mai toccata a èssere umano ó alméno a èssere ché⇌lé sia sopravvissuto pér raccontarla; é⇌lé sèi óre di terróre mortale ché hò passate allóra, mi hanno rovinato anima é⇌còrpo. Vói mi credéte vecchissimo, ma⇌nón ló sóno. Ci vòlle méno di un giórno pér farmi diventare bianchi i capélli, pér fiaccarmi lé mèmbra é⇌scuòtermi i nèrvi così⇌da⇌tremare a ógni più⇌piccolo sfòrzo, é⇌da avér paura di un'ómbra. Ló crederéste ché⇌quaſi nón pòsso guardare giù⇌da⇌quésta piccola rupe sènza èssere préso da⇌vertigine?

La piccola rupe sull'órlo délla quale il vècchio si èra negligenteménte ſdraiato pér riposarsi (in mòdo ché⇌la parte più⇌pesante dél còrpo sporgéva nél vuoto, é⇌l'unica còsa ché⇌ló trattenéva dal cadére èra il gómito puntato cóntro lo ſdrucciolévole angolo estrèmo délla roccia), quélla piccola rupe di néro granito lucènte si ergéva a⇌picco di un millecinque ó⇌seicènto pièdi sópra il móndo caòtico délle ròcce sottostanti. Pér quanto mi riguarda, nulla al móndo avrèbbe potuto tentarmi ad avvicinarne l'órlo più in là⇌délla mèȝȝa doȝȝina di pièdi ché⇌mé né separavano.

# Esercizio di lettura n°3

Uno scandalo in Boemia, Arthur Conan Doyle (Doyle 1892).

Per Sherlock Holmes, è sempre la Donna. Egli la giudica talmente superiore al resto del suo sesso, che non la chiama quasi mai col suo nome; ella è, e resterà la Donna.

Avrebbe dunque provato a riguardo di Irene Adler un sentimento vicino all'amore? Assolutamente no! Il suo spirito lucido, freddo, e ammirevolmente equilibrato aborriva ogni emozione in generale, e quella dell'amore in particolare.

Io tengo Sherlock Holmes come la macchina a osservare e a ragionare più perfetta che sia mai esistita sul pianeta; innamorato, non sarebbe più stato lo stesso.

Quando parlava delle cose del cuore, era sempre per condirle di una punta di sarcasmo o di una risatina.

Certo, come osservatore, le apprezzava: non è dal cuore che si deducono i moventi e gli atti delle creature umane? Ma come logico di professione, le ripudiava: in un temperamento così delicato, così sottile come il suo, l'irruzione di una passione avrebbe introdotto un elemento di disordine,di cui avrebbe potuto soffrire la precisione delle sue deduzioni.

# Accentazione ortoepica lineare

Uno scandalo in Boemia, Arthur Conan Doyle.

Pér Sherlock Holmes, è⇌sèmpre la Dònna. Égli la giudica talménte superióre al rèsto dél suo sèsso, ché⇌nón la chiama quaſi mai cól suo nóme; élla è, é⇌resterà la Dònna.

Avrèbbe dunque provato a⇌riguardo di Irène Adler un sentiménto vicino all'amóre? Assolutaménte nò! Il suo spirito lucido, fréddo, é ammirevolménte equilibrato aborriva ógni emozióne in generale, é⇌quélla dell'amóre in particolare.

Io tèngo Sherlock Holmes cóme⇌la macchina a osservare é a⇌ragionare più⇌perfètta ché⇌sia mai esistita sul pianéta; innamorato, nón sarèbbe più⇌stato ló stésso.

Quando parlava délle còse dél cuòre, èra sèmpre pér condirle di una punta di sarcasmo ó⇌di una risatina.

Cèrto, cóme osservatóre, lé apprezzava: nón è⇌dal cuòre ché⇌si deducono i movènti é⇌gli atti délle creature umane? Ma cóme⇌lògico di professióne, lé ripudiava: in un temperaménto così⇌delicato, così⇌sottile cóme il suo, l'irruzióne di una passióne avrèbbe introdótto un eleménto di diſórdine, di cui avrèbbe potuto soffrire la preciſióne délle sue deduzióni.

# Esercizio di lettura n°4

Barba-blu, Charles Perrault (Perrault 1697).

C'era una volta un uomo, il quale aveva palazzi e ville principesche, e piatterie d'oro e d'argento, e mobilia di lusso ricamata, e carrozze tutte dorate di dentro e di fuori.

Ma quest'uomo, per sua disgrazia, aveva la barba blu: e questa cosa lo faceva così brutto e spaventoso, che non c'era donna, ragazza o maritata, che soltanto a vederlo, non fuggisse a gambe dalla paura.

Fra le sue vicinanti, c'era una gran dama, la quale aveva due figlie, due occhi di sole. Egli ne chiese una in moglie, lasciando alla madre la scelta di quella delle due che avesse voluto dargli: ma le ragazze non volevano saperne nulla: e se lo palleggiavano dall'una all'altra, non trovando il verso di risolversi a sposare un uomo, che aveva la barba blu. La cosa poi che più di tutto faceva loro ribrezzo era quella, che quest'uomo aveva sposato diverse donne e di queste non s'era mai potuto sapere che cosa fosse accaduto.

Fatto sta che Barba-blu, tanto per entrare in relazione, le menò, insieme alla madre e a tre o quattro delle loro amiche e in compagnia di alcuni giovinotti del vicinato, in una sua villa, dove si trattennero otto giorni interi. E lì, fu tutto un metter su passeggiate, partite di caccia e di pesca, balli, festini, merende: nessuno trovò il tempo per chiudere un occhio, perché passavano le nottate a farsi fra loro delle celie: insomma, le cose presero una così buona piega, che la figlia minore finì col persuadersi che il padrone della villa non aveva la barba tanto blu, e che era una persona ammodo e molto perbene. Tornati di campagna, si fecero le nozze.

## Accentazione ortoepica lineare

Barba-blu, Charles Perrault.

C'èra una vòlta un uòmo, il quale avéva palazzi é⇄ville principésche, é⇄piatterie d'òro é⇄d'argènto, é⇄mobilia di lusso ricamata, é⇄carròzze tutte dorate di déntro é⇄di fuòri.

Ma⇄quest' uòmo, pér sua diſgrazia, avéva la barba blu: é⇄quésta còsa ló facéva così⇄brutto é⇄spaventóso, ché⇄nón c'èra dònna, ragazza ó⇄maritata, ché⇄soltanto a⇄vedérlo, nón fuggisse a⇄gambe dalla paura.

Fra⇄lé sue vicinanti, c'èra una gran dama, la quale avéva due figlie, due òcchi di sóle. Égli né chièse una in móglie, lasciando alla madre la scélta di quélla délle due ché avésse voluto dargli: ma⇄lé ragazze nón volévano sapérne nulla: é⇄sé ló palleggiavano dall'una all'altra, nón trovando il vèrso di risòlversi a⇄spoſare un uòmo, ché avéva la barba blu. La còsa pòi ché⇄più di tutto facéva lóro ribréʒʒo èra quélla, ché⇄quest' uòmo avéva spoſato divèrse dònne é⇄di quéste nón s'èra mai potuto sapére ché⇄còsa fósse accaduto.

Fatto sta⇄ché⇄Barba-blu, tanto pér entrare in relazióne, lé menò, insième alla madre é a⇄tré ó⇄quattro délle lóro amiche é in compagnia di alcuni giovinòtti dél vicinato, in una sua villa, dóve⇄si tratténnero òtto giórni interi. É⇄lì, fu⇄tutto un métter su⇄passeggiate, partite di caccia é⇄di pésca, balli, festini, merènde: nessuno trovò il tèmpo pér chiudere un òcchio, perché⇄passavano lé nottate a⇄farsi fra⇄lóro délle cèlie: insómma, lé còse présero una così⇄buòna pièga, ché⇄la figlia minóre finì⇄cól persuadérsi ché il padróne délla villa nón avéva la barba tanto blu, é⇄ché èra una persóna ammòdo é⇄mólto perbène. Tornati di campagna, si fécero lé nòzze.

62

# Esercizio di lettura n°5

Fatale influsso, Luigi Capuana (Capuana 1906).

«Lascia andare!», fece Blesio, vedendo impallidire tutt'a un tratto il suo amico Raimondo Palli, che aveva cessato di parlare quasi interrotto da un groppo di singhiozzi. «Mi racconterai il resto un'altra volta».

«Delia non rispose» proseguì Raimondo dopo qualche secondo di pausa. «Mi fissò con grandi occhi neri scrutatori che da un pezzo non potevo più sostenere, e sorrise tristamente. Quegli sguardi mi scendevano nella più riposta profondità del cuore come raggi luminosi, e ne rivelavano a lei e a me stesso i più intimi segreti. Giacché mi accadeva spesso di non avere piena coscienza dello stato dell'animo mio verso di lei, e di sentirmi invadere da brividi di terrore ogni volta che la luminosità delle sue vividissime pupille mi faceva scorgere quanto vana fosse la lusinga di poter illudere lei e me. Non l'amavo più quanto una volta e mi ostinavo intanto a ripeterle che niente era mutato tra noi due, un po' per compassione di lei, un po' per sdegno di quel che non giudicavo, qual era, naturale miseria dell'amore, ma vero delitto d'ingratitudine verso colei che mi aveva fatto, incondizionatamente, dono di tutta se stessa. E lo sdegno era misto col rimorso di aver violentato l'organismo della povera creatura, di aver contribuito a svolgere in esso facoltà che, senza dubbio, vi sarebbero rimaste latenti o non sarebbero mai arrivate al punto di riuscire nocive.

# Accentazione ortoepica lineare

Fatale influsso (1906), Luigi Capuana.

«Lascia andare!», féce Blèſio, vedèndo impallidire tutt'a un tratto il suo amico Raimóndo Palli, ché avéva cessato di parlare quaſi interrótto da un gròppo di singhiózzi. «Mi racconterai il rèsto un'altra vòlta».

«Dèlia nón rispóse» proseguì Raimóndo dópo qualche→secóndo di pauſa. «Mi fissò→cón grandi òcchi néri scrutatóri ché→da un pèzzo nón potévo più→sostenére, é→sorrise tristaménte. Quégli ſguardi mi scendévano nélla più→ripósta profondità→dél cuòre cóme→raggi luminósi, é→né rivelavano a→lèi é a→mé stésso i più intimi segréti. Giacché→mi accadéva spésso di nón avére pièna cosciènza déllo stato déll'animo mio vèrso di lèi, é→di sentirmi invadere da→brividi di terróre ógni vòlta ché→la luminosità→délle sue vividissime pupille mi facéva scòrgere quanto vana fósse la luſinga di potér illudere lèi é→mé. Nón l'amavo più→quanto una vòlta é→mi ostinavo intanto a→ripèterle ché→niènte èra mutato tra→nói due, un pò' pér compassióne di lèi, un pò' pér ſdégno di quél ché→nón giudicavo, qual èra, naturale miſèria déll'amóre, ma→véro delitto d'ingratitudine vèrso colèi ché→mi avéva fatto, incondizionataménte, dóno di tutta sé stéssa. É→lo ſdégno èra misto cól rimòrso di avér violentato l'organismo délla pòvera creatura, di avér contribuito a→ſvòlgere in ésso facoltà→ché, sènza dubbio, vi sarèbbero rimaste latènti ó→nón sarèbbero mai arrivate al punto di riuscire nocive.

# Esercizio di lettura n°6

I Promessi Sposi, Alessandro Manzoni (Manzoni 1827).

Per un buon pezzo, la costa sale con un pendìo lento e continuo; poi si rompe in poggi e in valloncelli, in erte e in ispianate, secondo l'ossatura de' due monti, e il lavoro dell'acque. Il lembo estremo, tagliato dalle foci de' torrenti, è quasi tutto ghiaia e ciottoloni; il resto, campi e vigne, sparse di terre, di ville, di casali; in qualche parte boschi, che si prolungano su per la montagna. Lecco, la principale di quelle terre, e che dà nome al territorio, giace poco discosto dal ponte, alla riva del lago, anzi viene in parte a trovarsi nel lago stesso, quando questo ingrossa: un gran borgo al giorno d'oggi, e che s'incammina a diventar città. Ai tempi in cui accaddero i fatti che prendiamo a raccontare, quel borgo, già considerabile, era anche un castello, e aveva perciò l'onore d'alloggiare un comandante, e il vantaggio di possedere una stabile guarnigione di soldati spagnoli, che insegnavan la modestia alle fanciulle e alle donne del paese, accarezzavan di tempo in tempo le spalle a qualche marito, a qualche padre; e, sul finir dell'estate, non mancavan mai di spandersi nelle vigne, per diradar l'uve, e alleggerire a' contadini le fatiche della vendemmia. Dall'una all'altra di quelle terre, dall'alture alla riva, da un poggio all'altro, correvano, e corrono tuttavia, strade e stradette, più o men ripide, o piane; ogni tanto affondate, sepolte tra due muri, donde, alzando lo sguardo, non iscoprite che un pezzo di cielo e qualche vetta di monte; ogni tanto elevate su terrapieni aperti: e da qui la vista spazia per prospetti più o meno estesi, ma ricchi sempre e sempre qualcosa nuovi, secondo che i diversi punti piglian più o meno della vasta scena circostante, e secondo che questa o quella parte campeggia o si scorcia, spunta o sparisce a vicenda.

# Accentazione ortoepica lineare

I Proméssi Spò∫i, Alessandro Manzóni.

Pér un buòn pèzzo, la còsta sale cón un pendìo lènto é⇄continuo; pòi si rómpe in pòggi é in valloncèlli, in érte é in ispianate, secóndo l'ossatura dé' due mónti, é il lavóro déll'acque. Il lémbo estrèmo, tagliato dalle fóci dé' torrènti, è⇄qua∫i tutto ghiaia é⇄ciottolóni; il rèsto, campi é⇄vigne, sparse di tèrre, di ville, di casali; in qualche parte bòschi, ché⇄si prolungano su⇄pér la montagna. Lécco, la principale di quélle tèrre, é⇄ché dà⇄nóme al territòrio, giace pòco discósto dal pónte, alla riva dél lago, anzi viène in parte a⇄trovarsi nél lago stésso, quando quésto ingròssa: un gran bórgo al giórno d'òggi, é⇄ché s'incammina a⇄diventar città. Ai tèmpi in cùi accàddero i fatti ché⇄prendiamo a⇄raccontare, quél bórgo, già⇄considerabile, èra anche un castèllo, é avéva perciò l'onóre d'alloggiare un comandante, é il vantaggio di possedére una stabile guarnigióne di soldati spagnòli, ché insegnavan la modèstia alle fanciulle é alle dònne dél pae∫e, accarezzavan di tèmpo in tèmpo lé spalle a⇄qualche marito, a⇄qualche padre; é⇄sul finìr dell'estate, nón mancavan mai di spàndersi nélle vigne, pér diradar l'uve é alleggerire a' contadini lé fatiche della vendémmia. Dall'una all'altra di quélle tèrre, dall'alture alla riva, da un pòggio all'altro, corrévano, é⇄córrono tuttavìa strade é⇄stradétte, più ó⇄méno ripide, ó⇄piane; ógni tanto affondate, sepólte tra⇄due muri, dónde, alzando ló ∫guardo, nón scoprite ché un pèzzo di cièlo é⇄qualche⇄vétta di mónte; ógni tanto elevate su⇄terrapièni apèrti: é⇄da⇄qui⇄la vista spazia pér prospètti più ó⇄méno estési, ma⇄ricchi sèmpre é⇄sèmpre qualcòsa nuòvi, secóndo ché i divèrsi punti piglian più ó⇄méno délla vasta scèna circostante, é⇄secóndo ché quésta ó⇄quélla parte campéggia ó⇄si scórcia, spunta ó⇄sparisce a⇄vicènda.

# Esercizio di lettura n°7

Re David Primo, Emilio Salgari (Salgari 1906).

David O' Keefe, un americano di Savannah, forma l'invidia di tutti i marinai del vecchio e del nuovo mondo: e si capisce perfettamente.

Diventare re d'un'isola, d'una anzi delle più belle e delle più fertili isole del Grand'Oceano, è cosa che non succede tutti i giorni, specialmente quando si ha un padre che fa il ciabattino e che non ha altri meriti al mondo che quello di rattoppare le scarpe di tutti i buoni abitanti di Savannah.

Vi premetto che ciò che vi narro è una storia autentica, poiché quel fortunato marinaio è stato riconosciuto re perfino dalla potente Germania, proclamatasi, una dozzina d'anni or sono, protettrice del piccolo gruppo di Top, facente parte dell'arcipelago delle Caroline occidentali.

David O' Keefe, il quale aveva forse presagito di diventare un giorno un potente della terra e di mettersi sul capo una corona (d'oro, oppure formata di penne di pappagallo, ciò non importa), aveva sempre avuto un sacro orrore pel deschetto paterno, per le ciabatte rotte, per le lesine e per gli spaghi. A dodici anni era scappato di casa per diventare marinaio. Sul mare una certa notte aveva sognato di veder brillare una corona ed al mare aveva dedicato la sua vita, le sue forze e le sue segrete ambizioni.

## Accentazione ortoepica lineare

Re David Primo, Emilio Salgàri.

David O' Keefe, un americano di Savannah, fórma l'invidia di tutti i marinai dél vècchio é⇄dél nuòvo móndo: é⇄si capisce perfettaménte.

Diventare ré⇄d' un' iʃóla, d'una anzi délle più⇄bèlle é⇄délle più⇄fèrtili iʃóle dél Grand'Ocèano, è⇄còsa ché⇄nón succède tutti i giórni, specialménte quando si ha un padre ché⇄fa il ciabattino é⇄ché⇄nón ha altri mèriti al móndo ché⇄quéllo di rattoppare lé scarpe di tutti i buòni abitanti di Savannah.

Vi premétto ché⇄ciò ché⇄vi narro è una stòria autèntica, poiché⇄quél fortunato marinaio è⇄stato riconosciuto ré⇄perfino dalla potènte Germania, proclamatasi, una doʒʒina d'anni ór sóno, protettrice dél piccolo gruppo di Tòp, facènte parte déll'arcipèlago délle Caroline occidentali.

David O' Keefe, il quale avéva fórse preʃagito di diventare un giórno un potènte délla tèrra é⇄di méttersi sul capo una coróna (d'òro, oppure formata di pénne di pappagallo, ciò⇄nón impòrta), avéva sèmpre avuto un sacro orróre pél deschétto patèrno, pér lé ciabatte rótte, pér le léʃine é⇄pér gli spaghi. A⇄dódici anni èra scappato di casa pér diventare marinaio. Sul mare una cèrta nòtte avéva sognato di vedér brillare una coróna éd al mare avéva dedicato la sua vita, le sue fòrze é⇄lé sue segréte ambizióni.

# Esercizio di lettura n°8

Cuore, Edmondo De Amicis (De Amicis 1886).

Oggi primo giorno di scuola. Passarono come un sogno quei tre mesi di vacanza in campagna! Mia madre mi condusse questa mattina alla Sezione Baretti a farmi inscrivere per la terza elementare: io pensavo alla campagna e andavo di mala voglia. Tutte le strade brulicavano di ragazzi; le due botteghe di libraio erano affollate di padri e di madri che compravano zaini, cartelle e quaderni, e davanti alla scuola s'accalcava tanta gente che il bidello e la guardia civica duravan fatica a tenere sgombra la porta. Vicino alla porta, mi sentii toccare una spalla: era il mio maestro della seconda, sempre allegro, coi suoi capelli rossi arruffati, che mi disse: «Dunque, Enrico, siamo separati per sempre?» Io lo sapevo bene; eppure mi fecero pena quelle parole. Entrammo a stento. Signore, signori, donne del popolo, operai, ufficiali, nonne, serve, tutti coi ragazzi per una mano e i libretti di promozione nell'altra empivan la stanza d'entrata e le scale, facendo un ronzio che pareva d'entrare in un teatro. Lo rividi con piacere quel grande camerone a terreno, con le porte delle sette classi, dove passai per tre anni quasi tutti i giorni. C'era folla, le maestre andavano e venivano. La mia maestra della prima superiore mi salutò di sulla porta della classe e mi disse: «Enrico, tu vai al piano di sopra, quest'anno; non ti vedrò nemmen più passare!» e mi guardò con tristezza.

# Accentazione ortoepica lineare

Cuòre, Edmóndo Dé Amicis.

Òggi primo giórno di scuòla. Passarono cóme un sógno quéi tré⇌mési di vacanza in campagna! Mia madre mi condusse quésta mattina alla Sezióne Barétti a⇌farmi inscrivere pér la tèrza elementare: io pensavo alla campagna é andavo di mala vòglia. Tutte lé strade brulicavano di ragazzi; lé due bottéghe di libraio èrano affollate di padri é⇌di madri ché⇌compravano⇌ʒaini, cartèlle é⇌quadèrni, é⇌davanti alla scuòla s'accalcava tanta gènte ché il bidèllo é⇌la guardia civica duravan fatica a⇌tenére sgómbra la pòrta. Vicino alla pòrta, mi sentii toccare una spalla: èra il mio maèstro délla secónda, sèmpre allégro, cói suòi capélli róssi arruffati, ché⇌mi disse: «Dunque, Enrico, siamo separati pér sèmpre?» Io ló sapévo bène; eppure mi fécero péna quélle paròle. Entrammo a⇌stènto. Signóre, signóri, dònne dél pòpolo, operai, ufficiali, nònne, sèrve, tutti cói ragazzi pér una mano é i libròtti di promozióne néll'altra empivan la stanza d'entrata é⇌lé scale, facèndo un ronʒio ché⇌paréva d'entrare in un teatro. Ló rividi cón piacére quél grande cameróne a⇌terréno, cón lé pòrte délle sètte classi, dóve⇌passai pér tré anni quaſi tutti i giórni. C'èra fòlla, lé maèstre andavano é⇌venivano. La mia maèstra délla prima superióre mi salutò di sulla pòrta délla classe é⇌mi disse: «Enrico, tu⇌vai al piano di sópra, quest'anno; nón ti vedrò⇌nemmén più⇌passare!» é⇌mi guardò⇌cón tristézza.

# Esercizio di lettura n°9

La coscienza di Zeno, Italo Svevo (Svevo 1930).

Vedere la mia infanzia? Più di dieci lustri me ne separano e i miei occhi presbiti forse potrebbero arrivarci se la luce che ancora ne riverbera non fosse tagliata da ostacoli d'ogni genere, vere alte montagne: i miei anni e qualche mia ora.

Il dottore mi raccomandò di non ostinarmi a#guardar tanto lontano. Anche le cose recenti sono preziose per essi e sopra tutto le immaginazioni e i sogni della notte prima. Ma un po' d'ordine pur dovrebb'esserci e per poter cominciare ab ovo, appena abbandonato il dottore che di questi giorni e per lungo tempo lascia Trieste, solo per facilitargli il compito, comperai e lessi un trattato di psico-analisi. Non è difficile d'intenderlo, ma molto noioso.

Dopo pranzato, sdraiato comodamente su una poltrona Club, ho la matita e un pezzo di carta in mano. La mia fronte è spianata perché dalla mia mente eliminai ogni sforzo. Il mio pensiero mi appare isolato da me. Io lo vedo. S'alza, s'abbassa... ma è la sua sola attività. Per ricordargli ch'esso è il pensiero e che sarebbe suo compito di manifestarsi, afferro la matita. Ecco che la mia fronte si corruga perché ogni parola è composta di tante lettere e il presente imperioso risorge ed offusca il passato.

Ieri avevo tentato il massimo abbandono. L'esperimento finì nel sonno più profondo e non ne ebbi altro risultato che un grande ristoro e la curiosa sensazione di aver visto durante quel sonno qualche cosa d'importante. Ma era dimenticata, perduta per sempre.

# Accentazione ortoepica lineare

La cosciènza di Zèno, Italo Svèvo.

Vedére la mia infanzia? Più⇌di dièci lustri mé né separano é i mièi òcchi prèʃbiti fórse potrèbbero arrivarci sé⇌la luce ché ancóra né rivèrbera nón fósse tagliata da ostacoli d'ógni gènere, vére alte montagne: i mièi anni é⇌qualche⇌mia óra.

Il dottóre mi raccomandò⇌di nón ostinarmi a⇌guardar tanto lontano. Anche lé còse recènti sóno prezióse pér éssi é⇌sópra⇌tutto le immaginazióni é i sógni délla nòtte prima. Ma un pò' d'órdine pur dovrebb'èsserci é⇌per potér cominciare ab òvo, appéna abbandonato il dottóre ché⇌di quésti giórni é⇌pér lungo tèmpo lascia Trièste, sólo pér facilitargli il cómpito, comperai é⇌lèssi un trattato di psico-analisi. Nón difficile d'intènderlo, ma⇌mólto noióso.

Dópo pranʒato, ʃdraiato comodaménte su una poltróna Club, hò⇌la matita é un pèzzo di carta in mano. La mia frónte è⇌spianata perché⇌dalla mia ménte eliminai ógni sfòrzo. Il mio pensièro mi appare iʃolato da⇌mé. Io ló védo. S'alza, s'abbassa... ma è⇌la sua sóla attività. Pér ricordargli ch'ésso è il pensièro é⇌ché sarèbbe suo compito di manifestarsi, affèrro la matita. Ècco ché⇌la mia frónte si corruga perché ógni paròla è⇌compósta di tante lèttere é il preʃènte imperióso risórge éd offusca il passato.

Ièri avévo tentato il massimo abbandóno. L'esperiménto finì⇌nél sónno più⇌profóndo é⇌nón né èbbi altro risultato ché un grande ristòro é⇌la curiósa sensazióne di avér visto durante quél sónno qualche⇌còsa d'importante. Ma èra dimenticata, perduta pér sèmpre.

# Esercizio di lettura n°10

Il vampiro, John Polidori (Polidori 1819).

Fra i sollazzi e le avventure che si succedettero in un'invernata di Londra fu ammirato ne' crocchi più brillanti e distinti di quella metropoli un gentiluomo riguardevole, più per le singolarità del suo carattere che per l'altezza de' suoi natali. Ei contemplava le gioje de' suoi simili, come se gli fosse interdetto di partecipare a verun terrestre diletto, e allorché l'amabil sorriso delle belle sembrava fissare la sua attenzione, un suo sguardo bastava a farlo svanire spargendo il terrore in quégl'animi frivoli e spensierati. Coloro che provavano questa sensazione di terrore non potevano riuscire ad indovinarne la cagione: alcuni l'attribuivano al suo sguardo tetro e funereo, che arrestandosi immobile sulla superficie del sembiante l'opprimeva d'un peso mortale, benchè non sembrasse penetrare sino tra le più profonde latebre del cuore. Queste singolarità lo resero celebre e desiderato nelle più cospicue adunanze. Tutti bramavano di vederlo, e coloro che assuefatti a violenti emozioni sentiansi oppressi dal peso della noja, si compiacevano di ritrovare in lui un oggetto capace d'impegnare la loro attenzione. Ad onta della tinta cadaverica delle sue sembianze che mai non assumevano un colore più animato nè dal rossore della modestia, nè dalle fiamme dell'amore, pure la sua fisonomia era bella, e molte rinomate galanti s'argomentavano di vincere la sua indifferenza, e meritarsi almeno qualche indizio di ciò che ch'esse chiamano sentimento. Fra le altre Lady Mercer, che dopo il suo matrimonio era divenuta lo scopo delle censure di tutti i malevoli, s'accinse a questa impresa, e mise in opera tutte le arti e le risorse della civetteria per attirarsi la di lui ammirazione. Tutto fu vano.

# Accentazione ortoepica lineare

Il vampiro, John Polidòri.

Fra i sollazzi é⇄lé avventure ché⇄si succedèttero in un'invernata di Lóndra fu ammirato né' cròcchi più→brillanti é⇄distinti di quélla metròpoli un gentiluòmo riguardévole, più→pér lé singolarità dél suo carattere ché⇄pér l'altézza dé' suòi natali. Éi contemplava lé giòje dé' suòi simili, cóme⇄sé gli fósse interdétto di partecipare a⇄verùn terrèstre dilètto, é allorché l'amabil sorriso délle bèlle sembrava fissare la sua attenzióne, un suo ſguardo bastava a⇄farlo ſvanire spargèndo il terróre in quegl'animi frivoli é⇄spensierati. Colóro ché⇄provavano quésta sensazióne di terróre nón potévano riuscire ad indovinarne la cagióne: alcuni l'attribuivano al suo ſguardo tètro é⇄funèreo, ché arrestandosi immobile sulla superficie dél sembiante l'oppriméva d'un péso mortale, benché nón sembrasse penetrare sino tra⇄lé più→profónde latèbre dél cuòre. Quéste singolarità→ló résero cèlebre é⇄desiderato nélle più→cospicue adunanze. Tutti bramavano di vedérlo, é⇄colóro ché assuefatti a⇄violenti emozióni sentiansi opprèssi dal péso délla nòja, si compiacévano di ritrovare in lui un oggètto capace d'impegnare la lóro attenzióne. Ad ónta délla tinta cadavèrica délle sue sembianze ché⇄mai nón assumévano un colóre più animato né⇄dal rossóre délla modèstia, né⇄dalle fiamme dell'amóre, pure la sua fisonomia èra bèlla, é⇄mólte rinomate galanti s'argomentavano di vincere la sua indifferènza, é⇄meritarsi alméno qualche indizio di ciò⇄ch'ésse chiamano sentiménto. Fra⇄lé altre Lady Mercer, ché dópo il suo matrimònio èra divenuta ló scòpo délle censure di tutti i malèvoli, s'accinse a⇄quésta imprésa, é⇄miſe in òpera tutte lé arti é⇄lé risórse délla civetteria pér attirarsi la di lui ammirazióne. Tutto fu⇄vano.

# Bibliografia

1. Berruto, Gaetano. 2006. *Corso elementare di linguistica generale*. (Torino): UTET Università.

2. Capuana, Luigi. 1906. *Un vampiro/Fatale influsso*.
   https://it.wikisource.org/wiki/Un_vampiro/Fatale_influsso.

3. Chomsky, Noam. 2010. *Il linguaggio e la mente*. Torino: Bollati Boringhieri.

4. De Amicis, Edmondo. 1886. *Cuore*. https://it.wikisource.org/wiki/Opera:Cuore.

5. Defoe, Daniel. 1719. *Avventure di Robinson Crusoe*.
   https://it.wikisource.org/wiki/Avventure_di_Robinson_Crusoe.

6. Doyle, Arthur Conan. 1892. *The Adventures of Sherlock Holmes*.

7. Manzoni, Alessandro. 1827. *I promessi sposi*.
   https://it.wikisource.org/wiki/Opera:I_promessi_sposi.

8. Perrault, Charles. 1697. *Barba-blu*. https://it.wikisource.org/wiki/Barba-blu.

9. Poe, Edgar Allan. 1841. *Una discesa nel Maelstrom*.
   https://it.wikisource.org/wiki/Una_discesa_nel_Maelstrom.

10. Polidori, John. 1819. *Il vampiro*. https://it.wikisource.org/wiki/Il_vampiro_(1831).

11. Salgari, Emilio. 1906. *Re David primo*. https://it.wikisource.org/wiki/Re_David_primo.

12. Svevo, Italo. 1930. *La coscienza di Zeno*.
    https://it.wikisource.org/wiki/La_coscienza_di_Zeno_(1930).

13. Vinci, Leonardo da. 1510. «Studi anatomici: laringe e della gamba». https://wikioo.org/. 1510.

Printed in Great Britain
by Amazon